"工学结合、校企合作"课程改革成果系列教材
数控技术应用专业教学用书

质量管理与控制技术常识

主　编　盖雪峰
副主编　徐为荣
参　编　石建梅　丁云霞　茹　虹
主　审　李晓男

机械工业出版社

本书是"工学结合、校企合作"课程改革成果系列教材之一，是根据教育部最新的职业教育教学改革成果——机电技术应用专业、数控技术应用专业人才培养方案中"质量管理与控制技术基础核心课程"，并依据 2000 版 ISO 9000 族标准，将贯彻标准和基础质量管理相结合、技术管理和法制管理相结合，循序渐进地阐述了质量管理学的基本原理，并以机电和数控等制造业为例介绍了制造业的过程质量控制。本书具体内容包括质量管理概述、企业质量管理体系与质量认证、质量管理技术、质量控制技术、质量检验和制造业过程质量控制。

本书可作为中等职业学校机电专业、数控专业、电工电子类专业教材，也可作为员工上岗前的岗位培训教材。

图书在版编目（CIP）数据

质量管理与控制技术常识/盖雪峰主编. —北京：机械工业出版社，2009.12 (2025.1 重印)
"工学结合、校企合作"课程改革成果系列教材. 数控技术应用专业教学用书
ISBN 978-7-111-28253-2

Ⅰ. 质… Ⅱ. 盖… Ⅲ. ①质量管理—高等学校：技术学校—教材②质量控制—高等学校：技术学校—教材 Ⅳ. F273.2

中国版本图书馆 CIP 数据核字(2009)第 160297 号

机械工业出版社（北京市百万庄大街 22 号　邮政编码 100037）
策划编辑：汪光灿　责任编辑：张云鹏　版式设计：张世琴
封面设计：路恩中　责任校对：闫玥红　责任印制：刘　媛
北京中科印刷有限公司印刷
2025 年 1 月第 1 版第 12 次印刷
184mm×260mm・8.75 印张・212 千字
标准书号：ISBN 978-7-111-28253-2
定价：29.00 元

电话服务　　　　　　　　网络服务
客服电话：010-88361066　机　工　官　网：www.cmpbook.com
　　　　　010-88379833　机　工　官　博：weibo.com/cmp1952
　　　　　010-68326294　金　书　网：www.golden-book.com
封底无防伪标均为盗版　　机工教育服务网：www.cmpedu.com

前 言

当今世界，无论是发达国家，还是发展中国家，对质量问题都高度重视。可以说，21世纪是质量的世纪，因此，必须对全民加强质量教育，提高人们的质量意识。质量管理始于教育，终于教育。数控技术应用专业的中职学生毕业后主要从事一线的生产、检验等工作，在学生时代就应树立较强的质量意识，为以后的工作打下坚实的基础。

本书是"工学结合、校企合作"课程改革成果系列教材之一，是根据教育部最新的职业教育教学改革成果——机电技术应用专业、数控技术应用专业人才培养方案中"质量管理与控制技术基础核心课程"，并依据2000版ISO 9000族标准，将贯彻标准和基础质量管理相结合、技术管理和法制管理相结合，循序渐进地阐述了质量管理学的基本原理，并以机电和数控等制造业为例介绍了制造业的过程质量控制。本书具体内容包括质量管理概述、企业质量管理体系与质量认证、质量管理技术、质量控制技术、质量检验和制造业过程质量控制。

本书旨在培养学生树立较强的质量意识，注重培养学生分析问题和解决问题的能力，着重介绍基础知识和常识性知识，体现中职教育以"够用"、"实用"为原则的特点。

本课程教学时数为54学时，使用时可根据具体情况删减部分内容。具体学时分配建议如下：

章　次	内　　容	学　时
第一章	质量管理概述	8
第二章	企业质量管理体系与质量认证	16
第三章	质量管理技术	6
第四章	质量控制技术	10
第五章	质量检验	6
第六章	制造业过程质量控制	8
总计		54

本书由江苏省锡山职业教育中心校盖雪峰任主编，徐为荣任副主编，参加编写的还有江苏省锡山职业教育中心校石建梅、丁云霞、茹虹。全书由江苏省泰兴职教中心李晓男任主审，主审以严谨的科学态度和高度负责的责任心认真审阅书稿，提出了很多宝贵意见，在此表示衷心的感谢。

因编者水平有限，书中错误和不足之处在所难免，敬请广大读者批评指正。

编　者

目 录

前言
第一章 质量管理概述 ……………… 1
第一节 质量的概念 ………………… 1
第二节 提高产品质量的意义 ……… 6
第三节 质量管理的基本概念 …… 10
第四节 产品质量形成规律及
全过程管理 ………………… 14
第五节 质量管理的基础工作 …… 22
第六节 质量成本管理 …………… 26
课后拓展 …………………………… 34

第二章 企业质量管理体系与
质量认证 …………………… 35
第一节 企业质量管理体系 ……… 35
第二节 ISO 9000 质量系列标准简介 …… 38
第三节 企业质量管理八项原则 … 45
第四节 质量管理体系认证 ……… 51
第五节 各种认证简介 …………… 56
课后拓展 …………………………… 59

第三章 质量管理技术 ……………… 60
第一节 全面质量管理概述 ……… 60
第二节 现场质量管理技术基础 … 70
第三节 6σ 管理知识 ……………… 79

课后拓展 …………………………… 83
第四章 质量控制技术 ……………… 84
第一节 质量控制基础知识 ……… 84
第二节 质量监督 ………………… 91
第三节 质量改进 ………………… 95
课后拓展 …………………………… 100

第五章 质量检验 …………………… 101
第一节 质量检验概述 …………… 101
第二节 抽样检验 ………………… 109
第三节 质量检验人员 …………… 113
课后拓展 …………………………… 116

第六章 制造业过程质量控制 ……… 117
第一节 产品设计开发过程质量控制 …… 117
第二节 工艺评审控制 …………… 119
第三节 产品质量评审控制 ……… 122
第四节 首件鉴定控制 …………… 124
第五节 关键件控制 ……………… 126
第六节 外购产品及其采购过程控制 …… 128
第七节 产品包装过程质量控制 … 129
课后拓展 …………………………… 133

参考文献 …………………………… 134

第一章

质量管理概述

▶▶▶ 第一节 质量的概念

人类为了生存和发展,就不断地在劳动中创造出满足人们需要的物质财富。这些物质财富使人类获得了生存的条件,同时也得到了不断的发展。劳动创造了财富——产品,在产品形成过程中,虽然各自的出发点不同,但总是设法创造出优质的产品。

【案例】 三洋公司的生意经

在世界500家最大工业公司中排名第107位的日本三洋电机公司认为,要创造出大获成功的商品,必须具备五个要点,而且这五个要点的顺序不能颠倒。

第一、该商品对顾客来说,使用是否方便。

第二、顾客是否买得起。

第三、对经销商来说,是否容易卖出去。

第四、万一出现故障,是否容易修理,即是否容易得到保修。

第五、是否易于工厂生产。

产品必须多方面全过程考虑,不但产品使用性能要好,寿命要长,而且价格要便宜,还要有质量保证,便于维修,制造成本要经济。而这一切要求,体现了"产品质量特征"。

质量是事物的本质特性之一。正确、全面地理解质量的概念,对开展质量管理工作十分重要,对企业经营决策和提高经济效益也有极其重要的意义。

质量是指产品、过程或服务满足规定或潜在要求的特征和特性的总和。质量有狭义和广义两个概念。狭义的质量,指单纯的产品质量;广义的质量不但指产品的质量,而且还包括工序质量和工作质量。

一、产品质量

产品质量就是指产品适用于规定用途,满足社会和人们一定需要的特征。这些能够满足产品使用要求的特征叫作质量特性。

质量特性又分为内在的质量特性和外在的质量特性。内在的质量特性,如产品的结构、性能、精度和纯度、物理性能和化学性能等;外在的质量特性,如产品外观、形状、色泽、手感、气味和表面粗糙度等。质量特性可以概括为性能、寿命、可靠性、安全性、经济性五个方面。

在制造业中，涉及较多的是产品质量，根据国际标准化组织制定的国际标准《质量管理和质量保证 术语》，产品质量是指产品"反映实体满足明确和隐含需要的能力和特性的总和"。任何产品都是为满足用户而制造的，不论是复杂还是简单、昂贵还是低廉、时尚还是古典，都应当具有用户需要的功能和特性。产品质量功能和特性所表现出的参数和指标多种多样，一般包括适用性、寿命、可靠性、安全性、美观性、经济性等。

1. 适用性

适用性是指产品适合使用的特性，包括使用性能、辅助性能和适应性。产品的使用性能是指产品做得怎么样；辅助性能是指保障使用性能发挥作用的性能；适应性是指产品在不同的环境下依然保持其使用性能的能力，例如，一辆轿车，其天窗是否好用、是否漏水属于使用性能问题；一块手表，走时是否准确属于使用性能范畴，是否带有夜光则属于辅助性能范畴，是否提供防水功能则是适应性范畴。

【案例】 金属切削刀具的性能要求

在机械加工中，金属切削刀具必须具备特别的性能，才能胜任生产中的加工。一般来说，刀具必须有下列性能：

（1）硬度 刀具经热处理后应具有足够高的硬度，一般在60HRC以上。刀具在高的切削速度和加工硬材料所产生高温的受热条件下，应保证仍能保持高的硬度和良好的热硬性。

（2）耐磨性 刀具钢应具有良好的耐磨性，即抵抗磨损的能力。

（3）强度和韧性 刀具钢应具有一定的强度和韧性，使刀具在工作中能够承受负荷、冲击、振动和弯曲等复杂的应力，以保证刀具的正常使用。

（4）工艺性能 刀具应便于制造加工，淬火温度范围要充足，淬硬性和淬透性要好，表面脱碳敏感性要小，热处理变形小，以便于磨削。

2. 寿命

寿命是指产品能够使用的期限，即产品在规定的使用条件下完成规定功能的时间总和。某一产品从开始投入市场到被市场淘汰为止所经历的时间，称为产品寿命周期或产品生命周期。产品生命（寿命）周期是企业制造产品时设定的，受到其他一些因素的影响。一般使用寿命是指该种产品的平均使用期限，它主要取决于主要部件的使用寿命。例如，洗衣机的产品使用寿命一般为12年，黑白电视机的使用寿命一般为10到12年，彩色电视机的使用寿命一般为8到10年。

现代产品的结构比较复杂，它往往由若干个零部件组合装配而成，有的机电产品电子元器件就多达几百个，甚至上千个。因此，产品的质量直接取决于每一组成部分的零部件质量和装配工艺水平的好坏。

【案例】 电子产品使用寿命周期

一个产品的使用寿命是由其设计寿命决定的,电器也不例外。由于各种家用电器的功能、使用环境和使用率的不同,又决定了它们的寿命各有差异。除设计和工艺因素之外,电器产品的使用寿命还要受到实际使用环境的影响。一般来说,恶劣的使用环境和不正确的操作,都会影响电器的局部或整机的使用寿命。如洗衣机、冰箱长时间受潮会发生故障,甚至提前"寿终正寝",更加严重的还可能因此造成漏电,危及人身安全。如果彩电经常经受骤冷骤热的环境变化,新彩电也会引发彩管爆裂。因此,质量好的家电的使用寿命也要有一定的使用环境保障。

人们在家电出现故障时,往往首先想到修理,却很少考虑它的使用寿命是否到了。实际上,如果一件电器的使用寿命到头了,即使今天的故障修好了,由于其整体的老化还会不断出现新的故障,其不安全隐患也越来越多,从安全和经济的角度讲应该尽早弃旧更新。

3. 可靠性与可维修性

可靠性是指产品在规定的时间内及规定的使用条件下完成规定功能的能力。可维修性是指产品出现故障时维修的便利程度。对于耐用品来说,可靠性和可维修性是非常重要的,如汽车的首次故障里程、平均故障里程间隔、车体结构是否易于维修等都是顾客十分重视的质量指标。

【案例】 开展可靠性理论研究的原因

1939 年,当时美国航空委员会提出飞机事故率的概念和要求,这是最早的可靠性指标。1944 年,纳粹德国试制 V-2 火箭袭击伦敦,有 80 枚火箭还没有起飞就在起飞台上爆炸了。经过研究,人们提出了火箭可靠度是所有元器件可靠度的乘积的结论,这是最早的系统可靠性概念。第二次世界大战中,美国由于飞行事故损失飞机 21000 架,比被击落的还要多 1.5 倍。1949 年美国海军电子设备有 70% 失效,每一个使用中的电子管,要有 9 个新电子管作为备用件。1955 年美国国防预算中 30% 用于维修和使用,以后又增加到 70%,成为不堪忍受的负担。在这种背景下,美国在可靠性理论研究上投入了大量的人力、物力。

4. 安全性

产品的安全性指产品在存放和使用过程中,对使用者的财产和人身不会构成损害的特性。安全是人类起码的需求,对于家用电器、汽车、工程机械、机床设备、食品、医药等,安全性是一个特别重要的质量指标。例如,小孩的玩具,不应有锋利的棱角和尖的局部形状;飞机、汽车、自行车等都应该有适宜的强度;建筑物的设计、各种日用品的设计、游乐场所的各类设施的设计等都必须考虑安全问题。现代机床设备设计上也注意安全保护,如数控机床上就采用了防护窗,再如电视机荧光屏的 X 射线、微波炉的微波辐射、电器的噪声设计都必须控制在安全限度之内。

不管产品的使用性、经济性如何，如果产品存在安全隐患，那不仅是消费者所不能接受的，政府有关部门也会出面干涉或处罚生产企业。

【案例】 小缺陷酿成大事故

美国挑战者号航天飞机失事的原因是一块不起眼的塑料泡沫存在质量问题。美国太空3号快到月球却不能登上去，只好无功返回，原因只是一节30元钱的小电池坏了，导致耗资几亿元的航天计划失败。再如我国"飞豹"战机在试飞定型的过程中多次发生险情，主要原因不在于设计，而在于一些小的环节没有予以足够的重视。1991年7月8日，"飞豹"在一次科研试飞中出现油箱漏油，险些造成机毁人亡，事后查明是飞机一个输油软管脱开造成了漏油。1997年6月19日，"飞豹"在超音速试飞中，前座舱盖脱离机体被抛到了九霄云外，又一次险些造成机毁人亡，事后查明原因是工厂的工人在安装座舱盖时将活门螺钉装反了。

5. 美观性

产品的美观性是指产品的审美特性与顾客期望的符合程度。"爱美之心，人皆有之"，人类自古以来就有追求美的心理倾向。顾客通常不会对一种产品的审美特性提出具体要求，但当产品的外观、款式、颜色不符合顾客的审美要求时，顾客就会排斥这种产品；当产品的外观、款式、颜色符合顾客的审美要求时，顾客就会被这种产品所吸引。所以，在产品的使用性能和其他质量相当的情况下，人们会以同样的价格或者高一点的价格去购买他认为美观的商品。

【案例】 瑞士名表成功把握顾客的审美需求

电影中007佩戴的就是欧米茄手表。瑞士名表欧米茄在全球130个国家，通过优秀的经销商所出售的手表，每一块均是现代年青人"梦寐以求"的腕上时尚，代表了他们对"欧米茄世界"的认同和追求。

欧米茄专为女士设计的星座系列手表问世已有数年，如今在外观越发璀璨夺目的同时，依旧追求精巧设计、优质材质及一流工艺的完美统一。其备受推崇的原因，源自欧米茄创新的理念，不断为产品融入新颖设计及时尚元素，让星座系列永远充满诱人魅力，赢得全球女士们的钟爱。

6. 经济性

经济性是指产品的设计、制造、使用等各方面所付出或所消耗成本的程度。同时，亦包含其可获得经济利益的程度，即投入与产出的效益能力。经济性尽管与使用性能无关，却是消费者所关心的。例如，空调器是一种需要消耗电能的产品，在达到同样的制冷效果下，能耗越低给顾客带来的节约就越大；洗衣机则是一种需要大量消耗水的产品，在达到同样洗净比的前提下，用水越少则其经济性越好；再如燃煤设备，结构和性能不同，热效率不同，热效率越高，生产单位数量的产品所消耗的煤炭数量越少，其使用成本也就越低，反之，使用成本就越高。

【案例】 博士一条意见　节省资金近亿

某市国际会展中心由国外一家著名建筑公司承建，该公司聘请了英国一家排名世界前10位的著名设计公司负责工程设计。设计方案为，在市中心江边竖立十几根长杆型钢柱，用十几条大钢索牵拉钢质架空屋顶，外表壮观，倒影水中，类似澳大利亚悉尼歌剧院。

会展中心业务主管、总工程师是毕业于某城建学院的博士，她在检查该项设计方案时，发现两个问题：一是钢材用量大大超过同类建筑；二是钢索与钢柱应力过于集中，有安全隐患。经过反复的思考和核算，她毅然向英方提出更改设计意见。鉴于意见的科学合理，承建方接受了。新设计方案解决了上述问题，为国家节省了近亿元的资金。

这是一个在设计中成功运用经济性原则的典型案例。经济性原则是力图用较低的成本获得较好的设计产品的原则，设计者应当通过合理选择、使用材料，合理制订设计要求，注意加工工艺过程的经济等方面的综合考虑，使自己的设计符合经济性原则，创造出相对"价廉物美"的产品。

对产品质量的评价判断可以从以上6个方面来综合考虑。当然，对于不同的产品来说，质量的内涵可能有所偏重，有的产品如易耗品，不需要考虑可维修性的问题；有的产品如复印纸，不需要考虑安全性的问题；有的产品如地下供热管道，则无须过多考虑美观性的问题。从企业的角度来看，必须深入识别顾客对产品质量特性的关注重点，避免闭门造车，防止顾客不重视的质量特性却投入过多的情况发生。

二、工序质量

工序质量是指操作者、设备、原材料、工艺操作方法和生产环境等因素在产品生产过程中，同时起作用所形成的能够满足产品质量要求的程度。由此可见，工序质量决定产品质量。

【案例】 90%的玄机

有这样一道数学题，90%×90%×90%×90%×90%=59%。如果抛开这样简单的数学意义，这个等式说明什么问题呢？

从小到大，无数次应对过各种考试的我们都知道，60分是及格线，100分似乎比较难，而90分是一个可以引以为豪的分数了。工作中也是如此，很多人认为"把工作做到60%太危险，会被公司炒鱿鱼；做到100%太辛苦，也不太现实；把工作做到90%就很不错了"。这种说法似乎很有道理，但工作的过程是由一个一个细微的环节串联而成的，每一个环节都以上一个环节为基础，各个环节之间相互影响的关系是以乘法为基准最终产生结果的，而不是百分比的简单叠加。环环相扣的一系列过程结束后，"很不错"的90分最终带来的结果可能是59分，一个不及格的分数，这就是过程控制效应。

一个集约化的现代经营过程需要经过构思、策划、设计、讨论、修改、实施、反馈、再修正等诸多环节。如果你不能在每个环节认真对待，对每一个环节及时反馈和修正，不致力于每一个环节的完美，而是想当然地认为"结果不会有太大问题"，那么，最终的结局可能就是这个环节你做到了 90%，下一个环节还是 90%，在 5 个环节之后，你的工作成绩就不是平均成绩的 90%，而是 59%，一个会被激烈的竞争环境淘汰的分数。在有些情况下可能还会低于这个分数，甚至变成负数！到了这个时候，你再回过头来按照 100% 的标准进行"检修"，就可能意味着整个项目、整个工程都需要"推倒重来"，意味着时间和资源的浪费，意味着效率低下和错失时机，意味着先前的努力付诸东流。90%×90%×90%×90%×90%=59%，这个简单的等式数学之外的意义就是——执行过程不能打折！

三、工作质量

工作质量就是企业的管理工作、技术工作、组织工作、服务工作和其他方面工作所能达到的对产品质量的保证程度。工作质量表明工作的好坏、工作的效率和效果。企业的工作质量反映企业为了满足用户需要而达到产品质量标准所做管理工作的水平、工作效果和组织完善程度。工作质量是保证工序、产品质量的条件，所以工作质量远比产品质量的涵义广泛。

工序质量、工作质量与产品质量既相互区别又相互联系，工作质量的对象是工作，产品质量的对象是产品。工作质量的指标是反映企业生产技术和经营管理水平的重要指标，如品级率、平均等级率、合格品率等；而衡量产品质量的是产品质量标准。企业为了提高产品质量，执行新的质量标准，可能造成一段时间内品级率、平均等级率、合格品率下降，但不能说这是企业产品质量下降了。

工作质量不像产品质量那样直观具体，但它却体现于企业的一切生产技术经营活动之中，并通过企业的工作效率、工作成果，最终以产品质量及经济效益集中表现出来。用工作质量保证工序质量，用工序质量保证产品质量，是企业质量管理的基本思想。

【案例】 企业工作质量至关重要

上海某家投资数亿的大型商业公司，其规模、特色、资金均名噪一时，然而在开业之初，因疏漏消防工作，被市有关单位责令整顿，并经新闻暴光，继而又因经营管理不善，货款拖欠，生意清淡，直至最终倒闭，其企业的工作质量总体是不及格的。倘若企业因消防工作质量差而引发火灾，会导致企业的巨大损失。疏漏的企业消防工作质量可以用一粒老鼠屎来比喻。

▶▶▶ 第二节 提高产品质量的意义

质量问题是个重大的战略问题，保证和提高产品质量与服务质量，直接关系到经济建设的健康发展和人民群众的切身利益，是经济工作中一项重大战略任务，对我国经济发展具有极其重要的保障和促进作用。

一、质量是企业的生命线

以质量开拓市场,以质量占领市场是现代企业提高产品竞争能力的行动准则,也是社会主义市场经济的需要。无论是国内市场,还是国际市场,产品质量不好,就会失去竞争力。特别是随着现代科学技术高度发展,新产品层出不穷,大大加剧了市场商品竞争的激烈程度。没有质量作保证,就处于竞争的劣势地位,因此,赢得市场的关键是产品质量。

几乎所有的企业都有一个共识:质量是企业的生命。随着改革开放的深入进行,我国企业面临着严峻的挑战,国内外产品竞争的焦点是质量的竞争,产品质量好的企业在竞争中就会不断发展,而产品质量差的企业则会在竞争中被淘汰,这已被无数的事实所证明。

法国雪铁龙公司因在c5车型设计上的某个失误,使其无奈召回了10万辆已经卖出的汽车;日本东芝笔记本的小问题使得它不得不在美国赔偿给客户10亿美元;美国福特公司由于凡世通轮胎问题导致巨额亏损;几年前中国名噪一时的三株口服液也是因为忽视媒体报道的负面影响而招致覆灭。

一位质量大师曾预言:"21世纪将是质量的世纪。质量将成为占领市场的有效武器,成为企业发展的强大动力,成为企业真正的生命力。"美国一位企业家曾说过:"倒了牌子的商品,想东山再起,如同下了台的总统期冀重返白宫一样,绝无可能。"产品质量的好坏,决定着企业的产品最终有无市场,最终会影响企业经济效益的高低,甚至关系到企业能否在激烈的市场竞争中生存和发展。

【案例】 海尔砸冰箱

在青岛海尔的展览室里,至今保存着一个大铁锤,这个大铁锤有一个故事。

1985年,海尔从德国引进了世界一流的冰箱生产线。一年后,有用户反映海尔冰箱存在质量问题。海尔公司在给用户换货后,对全厂冰箱进行了检查,发现库存的76台冰箱虽然不影响冰箱的制冷功能,但都有小问题。时任厂长的张瑞敏抡起大锤将这些冰箱当众砸毁,并提出"有缺陷的产品就是不合格产品"的观点,在社会上引起极大的震动。

作为一种企业行为,海尔砸冰箱事件不仅改变了海尔员工的质量观念,为企业赢得了美誉,而且开创了中国企业质量竞争的新局面,反映出中国企业质量意识的觉醒,对中国企业及全社会质量意识的提高产生了深远的影响。

二、质量是人民生活与工作的保证

在现代社会中,质量已经成为保障人们日常生活幸福与安全的"大堤",社会上任何人都时时刻刻离不开质量,产品质量优劣会直接影响到人们的生活状况与工作成效,甚至会影响人们的生命财产安全。因此,优质的产品能给人们生活带来方便、舒适,而劣质产品带给人们的则是伤害和隐患。

质量专家朱兰博士早就将生产中的质量观引入到生活质量中,他说:"社会工业化引起了一系列环境问题的出现,影响着人们的生活质量。"朱兰博士的生活质量观反映了人类经济活动的共同要求,即经济发展的最终目的,是为了不断地满足人们日益增长的物质文化生活的需要。

【案例】 小问题引起大问题

2003年8月15日,北美历史上最大范围的停电使得纽约等美国和加拿大城市在漆黑中度过了一个夜晚。成百上千万人在难挨的暑气中熬过了没有空调、电灯和电视的一夜。停电导致汽车制造厂的流水线停产,停电地区大大小小的工厂也都停产。美林公司首席经济专家戴维·罗森堡说,据分析,这次停电对国内生产总值带来的损失估计每天在250亿到300亿美元之间。

通过美加联合小组的调查发现,北美历史上最大规模断电事故的直接原因竟是一些长得过分茂密的树木,是这些树木造成了俄亥俄州克里夫兰附近的电线短路!对于美国的电力部门来说,应该在线网的日常维护中及早注意到这样的细节问题,避免巨大的损失。

三、质量是我国经济健康发展的基本要求

质量对于现代社会经济发展有着重要作用。当今世界科学技术发展日新月异,市场竞争日益激烈。归根到底,竞争的核心是科学技术和质量。质量是社会物质财富的重要内容,是社会进步和生产力发展的一个标志,质量水平的高低,反映了一个国家综合经济实力,质量问题是影响国民经济和社会发展的重要因素。质量不仅是经济、技术问题,同时它还关系到一个国家在国际社会的声誉。

在我国经济发展到了一个新阶段的今天,无论是经济运行的总体质量,还是产品质量、工程质量和服务质量,都比以往任何时候更多地受到人们的关注和重视。

作为国家振兴和社会可持续发展的关键,质量的作用比任何历史时期都要重要。注重质量管理,可以促进企业资源优化和合理利用,实现全社会各类资源的有效配置和合理利用,提高整个社会的经济效益,增加社会财富;可以推动我国经济从数量效益型向质量效益型转变,从根本上改变只重数量、不重质量的局面,保证社会财富的稳定增长,促进国民经济持续、稳定、协调地发展。

【案例】 德国的质量观

德国人的产品质量之高素来为全世界所公认。德国有句谚语"德国纽扣的寿命比婚姻还长"。这一句话,说出来的却是一个严肃的话题,因为它说的意义是,当衣服已经旧得不能再旧的时候,它的扣子依然还在。由此可见德国人的产品质量观,说明了德国人对于质量的追求几乎深入到骨髓。同样,在德国自动化的流水生产线上,为了保证质量,每一道工序都有机器反复地进行质量检验,又不时有工人进行质量检验,每隔四十分钟,还要从流水线上随机抽出一台来进行各项指标的严格检测。

在德国十大名牌产品中,奔驰名列第一位,在世界十大名牌产品中,奔驰排名第三。奔驰甚至成了德国货的代名词。如果你稍加留意就会发现,奔驰汽车很少做广告,对此,奔驰人的解释是"我们的质量就是最好的广告"。德国企业自进入中国市场以来,因产品质量、性能存在严重问题或服务不到位而引发的纠纷几乎没有发生过,这也从一个侧面说明了德国

企业质量管理的扎实。据美国《幸福》杂志报道，德国大约30%的出口商品在国际市场上是没有竞争对手的独家产品，其价格由德国的出口商说了算。目前，德国在大型工业设备、精密机床和高级光学仪器等方面拥有无可争辩的优势。德国的产品质量是全世界公认的，虽然每种产品产量不一定是世界最高，但是质量水平一定是世界最高的，这也是德国人引以为豪的一种荣誉，他们要做世界上最好的工业产品——他们的产品就是世界上最好的产品。

四、质量对我们提出的要求

1) 坚定信心，树立良好的质量观念。端正产品设计思路，努力提高设计、制造工艺水平。时刻以质量为中心，强化质量管理，降低质量成本，提高产品质量。

2) 重视现实存在的问题。找出质量存在的不足和差距，冷静地分析，寻找有效的解决方法。

3) 认真把好质量关，实行质量否决制。

4) 规范物资采购工作。原材料的质量是决定产品质量的重要因素，为此，必须加强外购的管理，实行优先原则和货比三家的原则，杜绝采购假冒伪劣产品。完善原材料检验制度，坚决防止不合格材料流入制造过程或不合格产品进入市场。

5) 强化过程控制。质量管理重在过程，为了提高生产环节的质量控制力度，降低质量成本，必须加强制造过程中的检查工作，通过自检、工序间相互检查和专职检验员的检验相结合，将质量问题消除在萌芽状态，及时采取纠正及预防措施，降低不合格品率，提高一次交检的合格率。

6) 学习先进管理方法，提高个人素质。员工素质始终是决定企业产品质量水平的最重要的因素，员工的质量意识和素质对产品质量将产生巨大影响。这就要不断学习，不断提升质量意识，提高个人素质。

7) 时刻不忘以顾客为关注焦点。顾客是我们的衣食父母，我们必须理解顾客当前和未来的需求，满足顾客要求并争取超越顾客期望。

8) 强化企业质量的责任感。不断开拓创新，牢固树立质量是企业生命线的指导思想，坚决杜绝质量意识淡薄的工作作风。以质量为根本，以优质产品和优良服务满足顾客需要。

【案例】 质量意识时刻记心中

在现实生活中，红灯、绿灯只是人们约定的一种"是非"行为方式，如果需要随时都可以用另外一种形式来代替。关键在于你的意识里有没有"红灯停、绿灯行"的概念。同样，质量也是一种要求和规范。我们从来不敢说，用最好的机器设备、最先进的技术，生产出来的产品，就一定是质量最好的。为什么？因为还有人的存在和参与，而且人是非常重要、不可或缺的因素。这就是思想意识的关键性、决定性。唯有意识在，你才会自知、自觉、自省、自悟。作为企业，要使质量体系有效运行，生产出高质量的产品，就必须让全体员工在思想上牢牢确立高度的质量意识。否则，再好的设备，再健全的机制也难以发挥应有的效用。高度的质量意识使员工自觉遵守各项规章制度，不会因为"没有监督、没人看见"等外在因素，而放弃履行自己的岗位职责。质量意识已经不仅仅是一种客观上的要求和约来，而是比职业道德更深层的追求。

第三节 质量管理的基本概念

质量管理是对确定和达到质量要求所必须的职能和活动的管理，它包括质量政策的制定，质量目标的确定，以及企业内部或外部有关质量保证和质量控制的组织和措施等内容。

质量管理是兴国之道、治国之策，围绕质量形成全过程的所有管理活动，都可称为质量管理活动。新的历史条件和经济形势对质量管理提出了新的要求，必须用全面质量管理的理念来开展工作。

一、质量管理的定义与任务

1. 质量管理的定义

质量管理是指在质量方面指挥和控制组织的协调的活动。在质量方面的指挥和控制活动，通常包括制定质量方针和质量目标以及质量策划、质量控制、质量保证和质量改进。

2. 质量管理的任务

对一个企业来说，质量管理主要体现以下三项基本任务。

(1) 制定质量方针目标及实施计划　质量管理首先要确定企业在一定时期内的质量方针与目标，并制定贯彻方针目标的实施规划。通过方针目标和规划来指导和组织各部门和各岗位的工作，激发他们为实现预期的质量目标而不断作出努力。

(2) 实施质量保证　质量保证是质量管理的一部分，致力于提供质量要求以得到信任。

质量保证的关键词是"信任"，对达到预期质量要求的能力提供足够的信任。这种信任是在订货前建立起来的，如果顾客对供方没有这种信任则不会与之订货。质量保证不是买到不合格产品以后保修、保换、保退，保证质量、满足要求才是质量保证的基础和前提，质量管理体系的建立和运行才是提供信任的重要手段。

质量保证是在有双方的情况下才存在的，由一方向另一方提供信任。由于双方的具体情况不同，质量保证分为内部和外部两种形式，内部质量保证是组织向自己的管理者提供信任，外部质量保证是组织向顾客或其他方提供信任。质量保证要求，即顾客对供方的质量体系要求往往需要证实，以使顾客具有足够的信任。证实的方法包括：①供方的合格声明；②提供形成文件的基本证据（如质量手册,第三方的检验报告）；③提供由其他顾客认定的证据；④顾客亲自审核；⑤由第三方进行审核；⑥提供经国家认可的认证机构出具的认证证据（如质量体系认证证书或名录）。

(3) 实施质量控制　质量控制是质量管理的一部分，致力于满足质量要求。质量控制的目的是保证质量，满足要求。

作为质量管理的一部分，质量控制是一个设定标准（根据质量要求）及测量结果，判定是否达到了预期要求，对质量问题采取措施进行补救并防止再发生的过程。质量控制不仅仅是检验。质量控制适用于对组织任何质量的控制，不仅仅限于生产领域，还适用于产品的设计、生产原料的采购、服务的提供、市场营销、人力资源的配置，涉及组织内几乎所有的活动。例如，为了控制采购过程的质量，采取的控制措施可以有：确定采购文件（规定采购的产品及其质量要求），通过评定选择合格的供货单位，规定对进货质量的验证方法，做好相关质量记录的保管并定期进行业绩分析。为了选择合格的供货单位而采用的评定方法可以有：评价候选供货单位的质量管理体系、检验其产品样品、小批试用、考察其业绩等。再如，为了控制生产过程中某一工序的质量，可以通过作业指导书规定生产该工序使用的设备、加工方法、检验方法等，对特殊过程或关键工序还可以采取控制图等质量工具监控质量的波动情况。

【案例】 质量管理的必要性

F1赛车制造商对质量有着疯狂的追求。每辆F1赛车都是由超过3500个零件组成，制造商每年都要对赛车进行重新设计和制造，而且整车的组装需在4天内完成，并且要确保赛车的卓越性能。在赛车场维修站，制造商要提供50000多个重达25t的备件。赛车过程中，在7s之内必须完成更换轮胎、加油及必要的维护。如此高效率和高质量的完美结合令人感觉不可思议。这些要求，需要一系列严格的质量组织管理工作，要对设计、准备、制造安装和使用等环节都进行科学的质量管理才能实现。

二、质量管理的发展历程

质量管理的产生和发展有着漫长的历程，人类历史上自有商品生产以来，就开始了以商品的成品检验为主的质量管理方法。4000多年以前，就已经有了青铜制刀枪武器的质量检验制度。从一些工业比较发达的国家来看，质量管理的发展大致经历了三个阶段。

1. 产品质量检验阶段(18世纪中期~20世纪30年代)

工业化之前，生产工艺简单，一个工人或几个工人就可完成产品的生产、制造，质量靠的是工人的经验和技艺。这段时期受小生产经营方式或手工业作坊式生产经营方式的影响，产品质量主要依靠工人的实际操作经验，靠手摸、眼看等感官估计和简单的度量衡器测量而定。工人既是操作者又是质量检验、质量管理者，且经验就是"标准"，因此，有人称之为"操作者的质量管理"。我国《考工记》开头就写道"审曲面势，以饬五材，以辨民器"，对产品类型与规格的设计、原材料、质量检查等作了规定要求。先秦时期的《礼记》中"月令"篇，有"物勒工名，以考其诚，工有不当，必行其罪，以究其情"的记载，其内容是在生产的产品上刻上工匠或工场名字，并设置了政府中负责质量的官员职位"大工尹"，目的是为了考查质量，如质量不好就要处罚和治罪。

到19世纪，现代工厂的大量出现，使管理职能分工，由工长执行质量管理的职能。质量检验所使用的手段是各种各样的检测设备和仪表，它的方式是严格把关，进行百分之百的检验。1918年前后，美国出现了以泰勒为代表的"科学管理运动"，强调工长在保证质量方面的作用，于是执行质量管理的责任就由操作者转移给工长，有人称它为"工长的质量管理"。后来，由于企业的规模扩大，这一职能又由工长转移给专职的检验人员。大多数企业都设置专职的检验部门并直属厂长领导，负责全厂各生产单位和产品检验工作，有人称它为"检验员的质量管理"。专职检验既是从成品中挑出废品，保证出厂产品质量，又是一道重要的生产工序。通过检验，反馈质量信息，从而预防今后出现同类废品。

纵观这一阶段质量管理活动，从观念上看，仅仅把质量管理理解为对产品质量的事后检验。从方法上看，是对已经生产的产品进行百分之百的全数检验，采用剔除不合格品来保证产品的质量。

这一阶段的质量管理存在两个问题是必须要解决的，一是事后检验无法在生产过程中对质量进行预防和控制，当不合格的产品大量出现时，人们已无法加以制止；二是全数检验成本太高，当产品检验有破坏性时，这种检验的可行性就成问题了。于是人们思考是否可以只检验少数产品就可以达到同样的目的，这些思考为新的质量管理方法的产生作了前期准备。

2. 统计质量控制阶段（20世纪40年代~20世纪50年代）

第二次世界大战中，军需品严重不足，在大量军用品的生产过程中，由于事先无法控制质量，导致军火生产常常延误交货期。另一方面，由于战争的需要，美国军工生产急剧发展，尽管增加了大量的检验人员，产品积压待检的情况却日趋严重，有时不得不进行无科学根据的检查。结果不仅废品损失惊人，而且在战场上经常发生武器弹药的质量事故，比如炮弹炸膛事件等等，对士气产生极坏的影响。这时，由于产品零件众多，全部质量检验工作立刻显示出其弱点。此时，防患于未然的"抽样检查"产品控制的理论被人们重视起来，应用数据统计的知识去控制产品质量成为这一阶段的主要标志，要求生产人员在生产过程中规范操作，保证生产过程处于控制之中从而达到稳定的目的就特别重要。

以美国休哈特、戴明为代表的质量管理专家提出抽样检验的概念，把数理统计技术应用到质量管理领域。运用数理统计方法，能从产品的质量波动中找出其规律性，采取措施消除产生波动的异常原因，使生产的各个环节控制在正常状态，从而更经济地生产出品质优良的产品。

在这种情况下，美国军政部门随即组织一批专家和工程技术人员，于1941至1942年期间先后制定并公布了《质量管理指南》、《数据分析用控制图》、《生产过程中质量管理控制图法》，强制生产武器弹药的厂商推行，并受到了显著效果。从此，统计质量管理的方法得到很多厂商的应用，统计质量管理的效果也得到了广泛的承认。

在统计质量管理方法的实施过程中，休哈特和道奇、罗米格功不可没。在20世纪20年代，美国贝尔电话实验室成立了两个课题的研究组，一个研究组研究过程控制，一个研究组研究抽样检验。过程控制组领导人为休哈特，抽样检验组领导人为道奇。其后，休哈特提出了过程控制理论以及控制过程的具体工具——控制图。道奇与罗米格则提出了抽样检验理论和抽样检验表。在休哈特和道奇、罗米格提出质量控制理论和质量检验理论之时，正值西方资本主义国家经济衰退时期，理论的推广和应用受到了一定的影响。直到第二次世界大战，美国作为同盟国的兵站总基地，需要大量生产军需品，军方为了保证军用品质量，迫切要求进行质量控制，于是休哈特的控制图和道奇、罗米格的"抽样方案"才得到广泛的应用。

3. 现代质量管理阶段（20世纪60年代至今）

20世纪60年代，随着社会的进步和生产的发展，工业生产手段越趋现代化，工业产品更新换代日益频繁，对质量的使用性能的要求产生了新的需求变化。人们对产品质量的要求更高更多。过去，对产品的要求一般注重产品的使用性能，现在又增加了耐用性、美观性、可靠性、安全性、经济性等要求。

在生产技术和质量管理活动中广泛应用系统分析的概念。它要求用系统的观点分析研究质量问题，把质量管理看成是较大系统（如企业管理，甚至整个社会系统）中的一个子系统。

管理科学理论有了新的发展，其中，突出的一点就是重视人的因素，"全员参与管理"，强调要依靠广大员工搞好质量管理。

"保护消费者权益"运动的兴起。20世纪60年代初,许多国家的广大消费者为保护自己的利益,纷纷组织起来同伪劣商品的生产销售企业抗争。朱兰认为,保护消费者权益运动是质量管理学在理论和实践方面的重大发展动力。

随着市场竞争,尤其是国际市场竞争的加剧,各国企业越来越重视产品责任和质量保证问题。在这种新形势下,仅仅依赖质量检验和运用统计方法是很难保证与提高产品质量的。把质量职能完全交给专门的质量控制工程师和技术人员,显然也是不妥的。因此,许多企业开始了全面质量管理的实践,这一时期的代表是美国通用电器质量经理菲根堡姆的《全面质量管理》,他强调执行质量职能是公司全体员工的责任,应使全体员工都有质量概念和承担质量责任。日本学习美国并结合其国情创造性地发展了全面质量管理,并收到了显著效果。

【案例】 解读全面参与管理法

B公司董事会正在讨论是否关闭其下属的一家元器件加工厂,理由是这家工厂不能给B公司创造利润。如果这个决议执行的话,将会导致200名工人失业,这对于总人数只有700人的B公司而言,将会引起员工的恐慌,进而造成更大的损失,显然这样的局面不是管理者所希望面临的。

管理层决定让工人决定自己的命运,于是B公司管理层在元器件加工厂主持召开了一次职工大会,主要是宣读董事会的想法和倾听员工的意见。果然,关闭加工厂的提议一经宣读,会场便不再安宁。管理层希望大家踊跃建议,提出帮助加工厂降低成本,增加利润以摆脱被关闭的命运,并给大家一周时间,用书面报告反映上来,管理层再三告之,元器件加工厂的命运掌握在广大员工手上。

一周后,管理层收到了来自全体员工的很多份报告。管理者将以下几份认为重要的报告呈给了董事会。

1)元器件厂的生产原材料采购成本过高,直接对工厂的利润造成影响。

2)工人的素质及操作技能参差不齐,一部分操作工急需进行上岗培训,以降低元器件的报废率。

3)验收环节形同虚设,使很多不合格品流向市场,直接增加了产品的售后服务成本。

4)管理人员超编,冗员现象严重,工厂管理人员最低可减去一半。

这些触目惊心的报告在董事会产生很大震动,管理者被要求在最短的时间内解决这些使元器件厂长期亏损的根本问题。管理者依据问题,健全了元器件厂的管理制度,进行了改进。而员工们也有了危机感,更多地投入到产品质量改进中。

全员参与管理给企业带来了益处,2个月后,元器件厂的产品一次检验合格率由原来的90%增加到97%,仅此一项便减少损失30余万。清理不合格员工给工厂每月减少薪资发放达5万元,而采购环节每月更是降低采购成本近10万元。5个月后,整顿后的元器件厂实现赢利。

元器件厂的起死回生,实际上得力于一个优秀的管理方法——参与管理法。这个流行西方至今的管理方法是人本管理的最佳阐释,它全面发挥企业员工的才智,充分调动企业员工的积极性，使其参与到工厂的某些决策中，为企业和个人提供了发展空间。

第四节 产品质量形成规律及全过程管理

一、产品质量的形成规律

产品质量的形成直接关系到质量管理的理论基础。这个重要问题的探索经历了一个漫长而艰难的过程，人们经过长期实践，终于对这个问题有了一个科学的认识。

1. 对产品质量形成规律的认识

首先，人们已经认识到，产品质量不是检验出来的，也不是宣传出来的。在生产过程中，检验是重要的，它可以起到阻止不合格品出厂的把关作用，同时还可以将检验信息反馈到有关部门。但是，如果仅依靠出厂前的严格检验保证出厂产品的质量，不仅可能严重损害企业的经济效益，也难以被顾客接受为一个长期可靠的供方。如果只是依靠如广告媒体等的宣传来塑造企业产品的质量形象，那么当产品质量名不副实的真实面貌被市场识破后，产品前途和企业形象都将毁于一旦。

那么，产品质量是生产制造出来的吗？这个答案也不完全准确。虽然企业可以通过抓制造过程的质量保证产品质量，但如果产品开发的创意与市场需求有所偏移，或产品设计时功能定位不当，或产品销售指导与售后服务不当，即使制造过程中产品质量再好，也不可能保证产品受到顾客的欢迎。那么，产品究竟是怎样形成的呢？

人们通过长期实践，发现产品质量有产生、形成和实现的过程，这个过程称为"螺旋形上升过程"。在这一过程中，包括一系列循序进行的工作或活动，即包含若干个环节，而环节之间又一环扣一环，互相制约，互相依存，互相促进，不断循环，周而复始，每经过一次循环，就意味着产品质量的一次提高。因此，产品质量形成的规律可用质量螺旋来描述，质量螺旋是表达质量的相互作用活动的概念模式，用以表达产品质量形成的整个过程及其规律性。过程中的各项工作或活动的总和被称为质量职能，所有这些工作或活动都是保证和提高产品质量所必不可少的，在过程中的每一个工作环节都直接或间接地影响到产品的质量。

企业的主要质量职能，一般包括市场调研、开发研究、制订工艺、采购、生产、检验、销售以及售后服务等环节，把这些环节用螺旋线表示，如图1-1所示。该图为美国质量管理专家朱兰首创，故也称朱兰螺旋曲线。朱兰螺旋曲线反映了产品质量形成的客观规律，是质量管理理论的基础，对于现代质量管理的发展有重大意义。

2. 朱兰质量螺旋的含义

1）产品质量是产品实现全过程管理的结果。产品质量形成过程包括市场调研，开发研究，设计、制订产品规格、工艺，采购，仪器及设备装置，生产，工序控制，检验，测试，销售和售后服务，共11个环节。这些环节一环扣一环、互相依存、互相促进、不断循环，构成了一个系统。每经过一轮循环，产品质量就有所提高。产品质量的提高在一轮又一轮的循环中总是在原有基础上有所改进、有所突破。

2）在这个循环上升过程中，质量活动不仅在企业内部进行，还涉及到企业以外的供应商和顾客等。因此，要用系统的观点来管理质量，加强每个环节质量职能的落实和各环节之间的协调，对质量形成全过程进行计划、组织和控制。

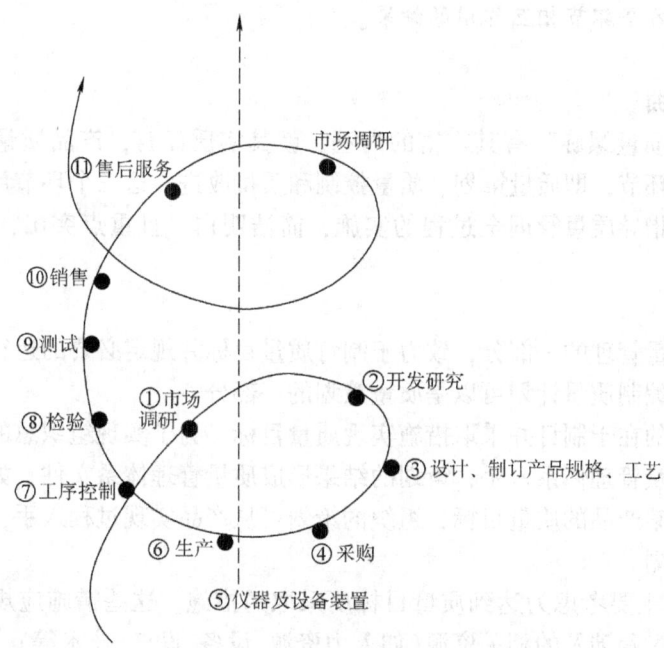

图 1-1　质量螺旋曲线

3）产品质量形成全过程中的每一个环节都要依靠人去完成，人是产品质量形成全过程中最重要、最具能动性的因素。在控制产品质量时，必须将质量螺旋各个环节的质量职能活动落实到各个部门和相关人员，形成各自的质量职责。

【案例】产品质量的形成

某公司最近开发了一种新型的钢笔，并将部门样品交给了客户检验。客户觉得样品钢笔的质量非常好，于是向这家公司下了 100 万的订单，并且要求能够在 3 天内出货。

制造部门的经理接到订单后，开始了生产。但是，第二天，当半成品运到生产线时才发现钢笔的各个部分很难装配，在组装时得格外小心，不能碰到笔头，否则客户就会认为是使用过的，要求退货。这样下来，一位员工装配完一支钢笔竟然得花费 10 分钟！

制造部经理对出现的问题大惑不解，因为样品的质量是相当好的。于是，他去找钢笔的设计人员——工程部的经理，询问交给客户检验的样品是如何生产出来的。原来，由于模具开发延误了时间，工程部在改制样品时，发现模具依然存在问题。利用模具试制出来的第一批笔筒样品为 200 个，经过挑选后，找出了 30 个比较好的笔筒，并用小刀稍微修正了一下，结果修坏了 10 个，最后只剩下了 20 个合格的样品。也就是说，模具生产出来的笔筒的不良率高达 85%，15% 合格的还需要用小刀修正后才能够装配。但是，为了赶时间，模具没有进行改善，就直接送到了铸造厂，开始生产钢笔，从而导致了制造部门的麻烦。

在企业内部，销售、生产、产品开发部门之间没有充分合作，销售部门不知道新产品是如何生产出来就订合同，企业的生产部门没有及时地与开发部门和质量检验部门进行充分的合作，使生产过程出现的问题尚未得到真正的解决，就批量生产，造成了大量产品不合格。

可见产品的形成是各个环节相互作用的结果。

二、朱兰三部曲

朱兰提出的"质量螺旋"有其丰富的内涵，就其实质而言，产品质量的全过程管理可以包括为三个管理环节，即质量策划、质量控制和质量改进。这三个环节用来反映产品质量形成的客观规律及指导质量管理全过程的实施，简洁明白，且重点突出，通常称之为"朱兰三部曲"。

1. 质量策划

质量策划是质量管理的一部分，致力于制订质量目标并规定必要的运行过程和相关资源以实现质量目标。编制质量计划可以是质量策划的一部分。

质量策划的目的在于制订并采取措施实现质量目标。为了实现组织总的质量目标，组织的策划可从建立质量管理体系入手，策划的结果形成质量管理体系文件，如质量手册和程序文件等。为了实现某产品的质量目标，组织的策划可从产品实现过程入手，策划的结果之一可能会形成质量计划。

质量策划活动主要考虑为达到质量目标所采取的措施。这些措施应规定必要的运行过程，以及运行这些过程涉及的相关资源（如人力资源、设备、设施、技术等）。这些措施在策划形成的文件中应得到充分的体现。

质量策划主要包括：①确定顾客的要求；②开发能满足顾客需求的产品；③制订质量目标；④以最低综合成本确定产品的生产程序。

2. 质量控制

质量控制是质量管理的一部分，致力于满足质量要求。质量控制的目的在于保证产品、体系或过程的固有特性达到规定的要求。质量控制的对象应是产品质量形成全过程及其中的每一个环节(即质量环节及其每一个环节。当需要明确某环节时，可冠以限定词，如公司范围质量控制、工序质量控制、设计质量控制、采购质量控制等)。另外，质量控制应贯彻预防为主的原则，并和检验把关相结合，这样才能取得预期效果。

质量控制能采取必要的措施纠正质量问题，并提供质量存在问题作纠正的参考和依据，是"朱兰三部曲"中的重要环节。

质量控制主要包括：①确定控制对象；②确定测量单位；③测定实际质量特性；④通过测量值与标准的比较，找出差距；⑤根据差距采取相应措施。

3. 质量改进过程

质量改进是质量管理的一部分，致力于增强满足质量要求的能力。

质量改进的目的是提高组织的有效性和效率。有效性是指完成策划活动并达到策划结果的程度。效率是指得到的结果与使用资源的关系。组织建立质量管理体系时会对质量管理体系运行的诸多过程进行识别和策划，确定为实现组织质量目标所需的资源，对质量管理体系的更改作出规定。在产品实现过程中，组织还会通过产品实现过程的策划确定产品质量目标、使用的资源和一系列的控制活动。质量改进就是努力使实施策划的结果全面符合策划的目标要求，并且力求更经济合理地使用必要的资源，获得理想的经济效果，从提高过程的有效性和效率入手，确保组织的有效性和效率不断的提高。

质量改进的基本途径是在组织内采取各种措施不懈地寻找改进机会，提高活动和过程的效益和效率，预防不良质量问题的出现。

质量改进主要包括：①确定改进的需要；②确定改进的对象；③寻找质量问题存在的原因；④提出对应的改进方法；⑤检验改进方法；⑥提出控制手段及更改措施。

质量控制和质量改进都是质量管理的职能活动，两者相辅相成，有联系又有区别。

质量控制是质量管理中最基础的职能活动，其作业技术和活动往往具有规定性和程序化的特点，其基本任务是使过程、活动和资源处于受控状态。和质量控制不同，质量改进的目标是超越现状。针对改进项目，采取各种措施，寻求突破，解决问题，从而使过程、活动和资源质量都得到提升。质量改进活动经常具有项目型的特点，改进活动的结果往往导致原有质量标准的提高，使过程、活动、资源在更高、更合理的水平上重新处于受控状态。

质量控制是质量改进的基础和前提，质量改进是质量控制的延伸和发展。

三、PDCA 循环

1. PDCA 循环的定义

PDCA 循环又叫戴明环，如图 1-2 所示，是美国质量管理专家戴明博士首先提出的，它是全面质量管理应遵循的科学程序。

PDCA 是英语单词 Plan（计划）、Do（实施）、Check（检查）和 Action（处理）的第一个字母，PDCA 循环就是按照这样的顺序进行质量管理，并且循环不止地进行下去的科学程序。

全面质量管理活动的全部过程，就是质量计划的制订和组织实现的过程，这个过程就是按照 PDCA 循环，不停顿地周而复始地运转的。

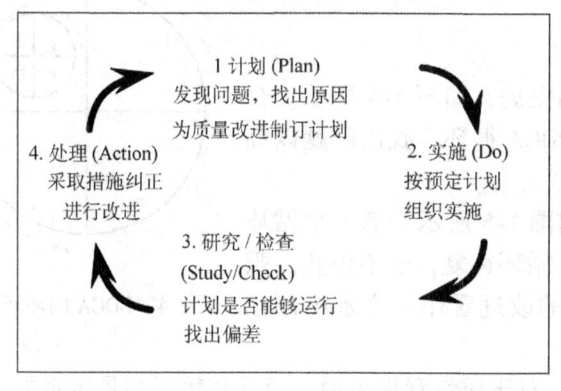
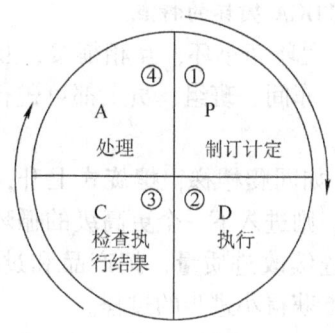

图 1-2　戴明环

2. PDCA 循环的四阶段和八个步骤

戴明循环强调自主、主动管理，即立足于企业内部，详细分析本企业目前存在什么主要问题，然后改进，特点是自我超越。

PDCA 循环主要有四个阶段。

第一阶段是计划。为满足顾客需求，以社会、经济效益为目标制订技术经济指标，研制、设计质量目标，确定相应的措施和办法。它包括分析现状、找出存在问题的原因、分析产生问题的原因、找出其中主要原因、拟订措施计划、预计效果五个步骤。

第二阶段是实施。按照已制订的计划和设计内容，落实实施，以实现设计质量。

第三阶段是检查。对照计划，检查执行的情况和效果，及时发现计划执行过程中的经验和问题。

第四阶段是处理。在检查的基础上，把成功的经验加以肯定，形成标准，便于今后照此办理，巩固成果，克服缺点，吸取教训，以免重犯错误，对于尚未解决的问题，则留到下一次循环解决。

PDCA 循环主要有八个步骤，如图 1-3 所示。

第一步，分析现状，发现问题(找问题)。

第二步，分析问题中的各种影响因素(找原因)。

第三步，分析影响的主要原因(找要因)。

第四步，针对主要原因，采取解决的措施(订计划)。

——Why，为什么要制订这个措施？

——What，达到什么目标？

——Where，在何处执行？

——Who，由谁来负责？

——When，到何时完成？

——How，怎样执行？

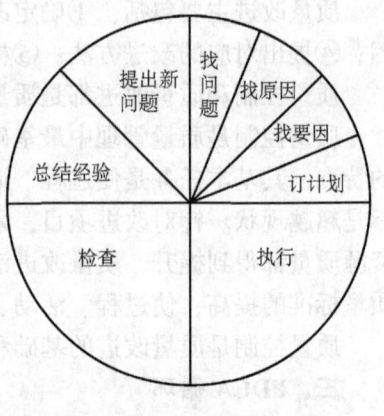

图 1-3　PDCA 循环的八个步骤

第五步，执行，按照措施计划的要求去做。

第六步，检查，把执行结果与要求达到的目标进行对比。

第七步，标准，把成功的经验总结起来并制定相应的标准(总结经验)。

第八步，把还未解决或新出现的问题转入到下一个 PDCA 的循环中去解决(提出新问题)。

3. PDCA 循环的特点

1) 大环套小环，互相衔接，互相促进，如图 1-4 所示。企业总部、车间、班组、员工都可进行 PDCA 循环，找出问题以寻求改进。

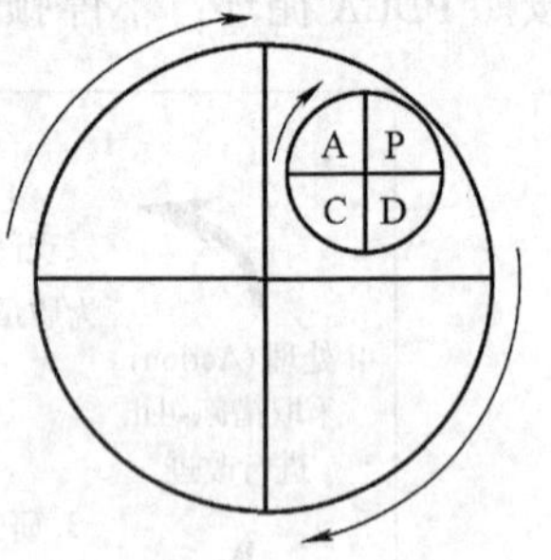

2) 如同爬楼梯，螺旋式上升，如图 1-5 所示。第一个循环结束后，则进入下一个更高级的循环；循环往复，永不停止。戴明强调连续改进质量，把产品和过程的改进看作一个永不停止的、不断获得小进步的过程。

图 1-4　PDCA 的环环相结

3) PDCA 循环的关键在于 A 阶段。对于质量管理来说，经验和教训都是宝贵的，通过总结经验教训，形成一定的标准、制度或规定，能使工作做得更好，使质量管理水平不断提高。因此，推动 PDCA 循环，一定要抓好总结这个阶段。

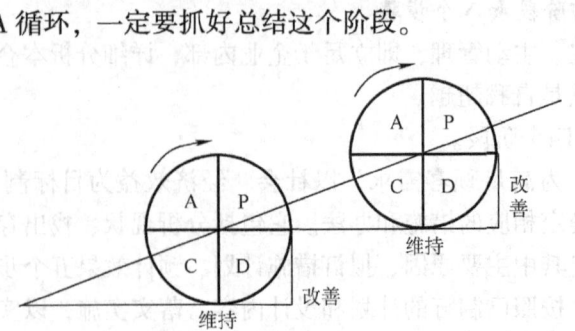

图 1-5　PDCA 的螺旋上升

【案例】 PDCA 循环的实际运用

我是个男孩子,在学校,我最怕与同学交流(因为内向,还有一定自卑感)。班级搞活动时,每次只要我站上去,活动就卡壳了。上课时老师喊我回答问题,我也是紧张得要命。与女生交流,一定脸红,说话结结巴巴。同学们都劝我说:要放开些,要对自己有信心。个别同学还认为我有心理障碍。想想也真是,像我这样,别说去做大事,做个小事也无法完成。譬如学习吧,因为我不太善于与人交流,不会的又不敢问老师和同学,孤陋寡闻,最终只有害了自己。这次学习了 PDCA,就用 PDCA 来改变自己。

P——策划。因为内向,不喜欢与人交流。所以第一周就先选择个别好朋友作为谈话对象,第二周然后扩大到周边同学,第三周再与老师交流,提高讲话能力后,再参加其他活动。

D——实施。先与好朋友交流,每天坚持与他谈话,不怕别人笑话,这样心里有了点底气。再与周边同学交流,每天按计划谈一些趣事,从不间断,渐渐地人也开朗了许多。最后,在课间向老师请教问题,呵,没想到成绩也有了进步。

C——检查。基本能按周完成计划,心理上能承受交流带来的恐惧感。但实施过程中,有时感到没有谈话内容。

A——处置。针对有时感到没谈话内容,决定再定出计划和实施方案,再以 PDCA 循环作为改进措施。

P——策划。每天找一个同学谈一个话题,谈话前先熟悉话题的相关信息资料。

D——实施。按策划方案去做。例如,第一天谈学习问题,先熟悉学习方法、学习习惯、具体科目的特点等,再找一个同学谈。

C——检查。能按计划完成。在小组活动人多时,还存在说话结巴的现象。

A——处置。针对人多时说话结巴问题,决定再订出计划和实施方案,再以 PDCA 循环作出改进。

好了,现在,我已经成为一个演讲高手了,心理素质有了,说话有底气了,成绩也有了极大提高,祝贺我吧。

四、质量管理的基本思想

质量管理是人们有目的的活动,要使这个活动顺利有效地进行,要求管理者有正确的指导思想。

1. 以预防为主的思想

【案例】 扁鹊答魏文王

魏文王问名医扁鹊说:"你们家兄弟三人,都精于医术,到底哪一位医术最好呢?"扁鹊答说:"长兄最好,中兄次之,我最差。"文王吃惊地问:"你的名气最大,为何反而长兄医术最高呢?"扁鹊惭愧地说:"我扁鹊治病,是治病于病情严重之时。一般人都看到我在经脉上穿针管来放血、在皮肤上敷药等大手术,所以以为我的医术高明,名气因此响遍全国。我中兄治病,是治病于病情初起之时。一般人以为他只能治轻微的小病,所以他的名气只及于本乡里。而我长兄治病,是治病于病情发作之前。由于一般人不知道他事先能铲除病因,所以觉得他水平一般,但在医学专家看来他水平最高。"

预防为主是质量管理的指导思想,也是相对于单纯的事后把关来说的。好的产品质量是设计和生产出来的,不是靠最后检验出来的。单纯的事后把关,只能发现和剔除不合格品,而不合格品即使被发现,其损失已经造成。全面质量管理要求把管理工作的重点,从"事后把关"转移到"事先预防"上来,从"管结果"变为"管因素",实行"预防为主"的方针,将不合格品消灭在产品形成过程之中。

2. 为用户服务的思想

【案例】 不起眼的甲壳虫

大众汽车坚持奉行它"用户愿望高于一切"的经营宗旨。大众汽车之所以以"大众"为名,就是考虑了当时大多数普通百姓的愿望,以生产普通民众能够购买的小轿车为重点。1939 年,第一批以这一观念为基础的大众汽车正式上市,由于它为了节约成本,一改过去汽车庄严堂皇的形象,狭小圆滑,被美国《时代周刊》杂志讥讽地称之为"甲壳虫"。没想到的是,这只不起眼的"甲壳虫"却以 60 年来 2000 多万辆的"繁殖"速度证明了自己的魅力与生命力。在德国大众汽车公司博物馆里,占据了全部 180 辆展品中大部分的"甲壳虫"使这里成了甲壳虫的天地。从第一辆"甲壳虫"到最新型的"甲壳虫",60 年悠悠岁月的改型换代通过不同的展品述说了它由平凡演变成经典的故事。1998 年 4 月,"甲壳虫"在上海德国消费品博览会与中国车迷见面。2000 年 7 月,首批"新甲壳虫"(桑塔纳)轿车将进入中国市场。正是这不起眼的"甲壳虫",由于注重实用,性能价格比达到了汽车行业新的高度,又顾及了普通居民的愿望,竟然在中国家用轿车市场上脱颖而出,成为中国人心中的品牌汽车。

企业的产品是为用户生产的。对外,表现在为消费者服务。产品只有受到消费者的欢迎,才能占领市场,产生经济效益。要使产品受到欢迎,必须在质量上为用户所满意。因此,必须牢固树立为用户服务的思想,并以此来指导企业的质量管理工作。对内,表现在上道工序为下道工序服务——内部用户原则。在实行全过程管理中,也要求企业各个工作环节都必须树立"下道工序就是用户"的观念,努力为下道工序服务的思想。因此,要求每道工序的工作质量,都要经得起下道工序(用户)的检验,满足下道工序的要求。

3. "质量第一"的思想

市场的竞争归根结底就是质量的竞争,企业的竞争能力和生存能力主要取决于它满足社会质量需求的能力。从 20 世纪 80 年代以来,国际市场的竞争异常激烈,日本在产品质量和经济上的成功与欧美工业发达国家的衰退,促使了欧美国家质量管理的复兴。例如,1984 年英国政府发起了一项质量改进运动,与此同时,美国政府也发起了一项有关质量的五年运动,现在西方国家又把统计过程控制列为现代高技术之一。1984年首届世界质量会议提出"以质量示繁荣",1987年第二届世界质量会议提出"质量永远第一",这些都说明"质量第一"的指导思想已成为世界各国的共识。

产品要有使用价值,就必须达到所要求的质量要求,否则就会给企业、消费者和社会带来损失。从这个意义上讲,企业必须把质量放在第一位,全体职工及领导干部,都要有强烈的质量意识,以保证生产出优质产品。

【案例】 质量是创品牌占市场的最硬手段
——企业应时刻做好产品"第一责任人"

质量工作关系经济社会发展的全局,产品质量关系人民群众的切身利益,关系企业的生存和发展,更关乎政府的形象。

加强质量工作是经济社会发展到一定阶段的必然选择,是加快经济强省建设的迫切需要。作为产品的生产方,企业时刻都应把"第一责任人"的观念摆在首位。安钢集团明确"质量第一"、"质量就是效益"、"质量是竞争的核心",并建立质量考核制度;宇通客车编制质量系统"1133"的三年规划,每年举行大型市场质量满意度调查;许继集团更是提出"产品质量只有更好而没有最好"、"谁砸了许继的牌子,许继就砸谁的饭碗"的质量格言。纵观这些企业,无一不是把产品质量作为企业的生命,时刻谨记自己的责任。

4. 质量与经济统一的思想

质量管理提倡质量与数量统一,质量与技术统一,质量与效益统一,防止盲目追求过剩质量,反对不顾成本(或需要)的所谓"高质量",要求以最经济的手段,生产出满足用户需要的产品。质量管理者应追求的是在满足用户需要的前提下以尽可能少的投入,生产出质量"适宜"、物美价廉的产品,以取得质量与经济的统一。根据这一思想,既不可以片面追求过剩质量,而使成本大大提高,也不应该为了降低成本,而使质量下降,影响质量的适用性。

【案例】 宝洁洗衣粉的经济性

宝洁推出汰渍洗衣粉时,市场占有率和销售额以惊人的速度飙升,可是没多久,这种势头逐渐缓慢了。宝洁公司于是进行了大量的市场调查,在一次小组座谈会上,有消费者抱怨汰渍洗衣粉的用量大,当追问是什么原因时,这位消费者说:"你看广告中在倒洗衣粉时,倒了那么长时间,所以,说它洗得干净,其实是因为它用得多,算计起来更划不来。"于是品牌经理赶紧把广告找来,掐算了一下广告中倒洗衣粉的时间,一共3秒钟,而其他洗衣粉广告中仅为1.5秒。

因为在广告上细微的一点疏忽,对汰渍洗衣粉的销售业绩和品牌形象造成了伤害。

产品经济性是大众特别注意的性能,价廉物美的产品才会受到市场欢迎。

5. 以人为本的管理思想

人民，只有人民，才是创造历史的动力。在开展质量管理活动中，人的因素是最积极、最重要的因素。质量是依靠人产生出来的，质量管理是人们有目的的活动。要抓好质量管理，应树立以人为主体的管理思想。

【案例】 惠普公司的以人为本

员工的凝聚力一直是惠普公司所注重的。公司的任何领导都没有单独的办公室，大家都在一个大办公室办公；小单位之间也仅是用矮屏风隔开而已。这种做法的目的在于创造出上下级之间融洽合作的气氛，排除无谓的权威和拘束。在惠普公司里，领导总是和自己的下属打成一片，他们关心和鼓励员工，使得员工感觉到被认同和重视。惠普公司有一个"开放实验室备品库"的政策，备品库就是存放电器和机械零备用件的地方，主要方便员工开展个人实验研究。一个周末，主管威廉发现一家分厂的实验室备品库上锁了，他马上到维修组去，拿了一把切割剪，把备品库的门锁剪断了。星期一上班时，备品库上贴着一张条子，上面写着："请勿再锁此门，威廉"。这充分体现了公司对员工的信任。

▶▶▶ 第五节 质量管理的基础工作

质量管理的基础工作是组织质量管理体系有效运行的基本保证，通常包括质量教育培训、质量责任制、标准化工作、计量管理工作和质量信息管理工作。

一、质量教育培训工作

1. 质量意识教育

质量管理大师戴明强调，对质量管理意识制度的实施应采取强硬的手段，应使全体员工普遍接受对质量管理的要求，应彻底改变他们在观念上的误解和行为方式。戴明对与他意见相左的人说过一句不客气的话："你大可不必这样做，没人强迫你生存下去"。正如日立公司所提倡的，应把"质量意识注入每个员工的血脉中"。

质量意识是一个企业从领导决策层到每一个员工对质量和质量工作的熟悉和理解，这对质量行为起着极其重要的影响和制约作用。质量意识体现在每一位员工的岗位工作中，也集中体现在企业最高决策层的岗位工作中，是一种自觉地去保证企业所生产的交付顾客需求的产品——硬件、软件和流程性材料质量、工作质量和服务质量的意志力。企业以质量求生存、求发展，质量意识则是企业生存和发展的思想基础。质量意识是通过企业质量治理、质量教育和质量责任等来建立和施加影响的，并且通过质量激励机制使之自我调节而一步步地、缓慢地形成起来的。一个企业应该在全体职工中进行有针对性的质量意识教育，并且利用企业各种媒体——报纸、广告和有线电视等举办质量宣传。包括质量跟踪、各类专题，使质量第一的思想深入人心。企业通过广泛开展生动活泼的质量意识活动，才能加速企业转变全体员工的陈旧质量观念，增强职工的竞争意识和责任感，在企业职工中牢牢树立爱岗敬业精神，追求顾客满意度100%。纵观国内外成功企业的发展史，我们得知，企业应在质量意识教育中，培植企业文化，增强职工的团队精神，才能真正把全面质量管理落实到实处，充分体现质量意识的内涵和意义。

【案例】 优良产品为什么会变成垃圾？

某天，某企业的一位副总突然发现垃圾桶里有本公司生产的优良产品，他怀疑有人故意搞破坏，于是展开层层调查，结果大大出乎他的意料。本来优良产品和不良产品是用不同颜色的篮子盛装的，不良品用红色篮子，优良品用蓝色篮子。但是，这一天，一位负责包装产品的员工不小心用红色的篮子装了优良产品，接下来第二个人随手把一张报纸丢在红色篮子上面，接着，第三个人把垃圾倒在里面，最后，来打扫卫生的第四个人一看是垃圾，就把它倒在垃圾桶里。

质量意识应时刻存在于工作中、生产中，当时刻关注质量时，就会养成良好的质量意识习惯。否则，就有可能出现不该出现的错误。

2. 质量知识培训

质量知识培训是质量管理培训内容的主体，组织应对所有从事质量工作的员工进行不同层次的培训。在识别培训需要的基础上，应对不同层次的对象提出不同的要求，规定不同的内容，编写不同的教材，切忌"一刀切"。领导培训内容应以质量法律法规、经营理念、决策方法等为主，管理人员和技术人员培训内容应注重质量管理理论和方法，而一线员工培训内容则以本岗位质量控制和质量保证所需的知识为主。

3. 技能培训

技能是指为保证和提高产品质量所需的专业技术和操作技能。技能培训是质量管理培训中不可缺少的重要组成部分。由于行业和岗位不同，员工所需的技能也不同，但是，对各层次人员的培训要求则大致相同。

对技术人员，主要应进行专业技术的更新和补充，学习新方法，掌握新技术。对一线工人，应加强基础技术训练，熟悉产品特性和工艺，不断提高操作水平。对于领导人员，除应熟悉专业技术外，还应掌握管理技能。

二、质量责任制

建立质量责任制是企业建立经济责任制的首要环节。它要求明确规定企业每一个人在质量工作上的具体任务、责任和权力，以便做到质量工作"事事有人管，人人有专责，办事有标准，工作有检查"，把同质量直接有关的各项工作和广大员工的劳动积极性结合起来，形成一个严密的质量管理工作系统。一旦发现产品质量有问题，可以追溯责任，有利于总结正反两方面的经验，更好地保证和提高产品质量。

实践证明，只有实行严格的质量责任制，才能建立正常的生产技术工作程序，才能加强对设备、工装、原材料和技术工作的管理，才能统一工艺操作，从各个方面有力地保证产品质量的提高。实行严格的责任制，不仅提高了与产品质量直接联系的各项工作质量，而且提高了企业各项专业管理工作的质量，可以从各方面把隐患消灭在萌芽之中，杜绝产品质量缺陷的产生。实行严格的责任制，可使工人对于自己"该做什么"、"怎么做"、"做好的标准是什么"都心中有数。所有这些,都为提高产品质量提供了基本保证。

【案例】 海尔责任制

  1995年红星厂整体划归海尔集团,海尔派柴永森同志去红星厂。他从转变人的观念入手,企业里发生的任何一件过错,要求管理者承担至少80%的责任。一段时间之后,红星的不少干部深有感触地说:"企业要发展,关键在人,人的问题关键在干部,以前红星厂干部存在的问题关键在于从来没有动过真格。"1995年7月12日,海尔公布了一则处理决定,某质检员由于责任心不强,造成开关插头和插错漏检,被罚款50元。海尔管理者认为这决不是质检员一个人造成的,主要是管理上的漏洞,使这名质检员由"偶然"变为"必然"。海尔要求掌握全局的管理干部要承担责任在前,先检查管理上的问题,即质检员的上级要负什么责任,只有这样才能使下面的员工减少差错。

  《海尔报》也点名指出质检员的"上级应负什么责任",这件事在原红星引起强烈震动,在此之前,该厂从未因产品质量问题而追究过其上级领导的责任,其他工作也一样。因此,人们都很震惊。当然多数工人认为这样做公平,因为"领导就必须承担领导责任"。海尔洗衣机分管质量的负责人触动很大,决定自罚300元,并做了书面检查,同时,立即制定措施,从体系上对洗衣机的质量进行了整改。

三、标准化管理

  标准化指为在一定的范围内获得最佳秩序,对实际的或潜在的问题制定共同和重复使用的规则的活动。标准化的重要意义是改进产品、过程和服务的适用性,减少和消除贸易技术壁垒,并促进技术合作。

  标准是指为在一定的范围内获得最佳秩序,对活动或其结果规定共同的和重复使用的规则、原则或特性的文件。该文件要协商一致制定并经一个公认机构的批准。

  由上述定义可见,标准是一种特殊文件,是现代化科学技术成果和生产实践经验相结合的产物,它来自生产实践,反过来又为发展生产服务。标准随着科学技术和生产的发展不断完善提高。而标准化是一种活动,主要是指制定标准、宣传贯彻标准、对标准的实施进行监督管理、根据标准实施情况修订标准的过程。这个过程不是一次性的,而是一个不断循环、不断提高、不断发展的运动过程。每一个循环完成后,标准化的水平和效益就提高一步。

  标准是标准化活动的产物。标准化的目的和作用,都是通过制定和贯彻具体的标准来体现。所以,标准化活动不能脱离制定、修订和贯彻标准,这是标准化最主要的内容。

【案例】 惠特尼的互换性

  18世纪末,美国刚成立不久,政府急需大量军火,便与惠特尼签订了一项两年之内生产一万支来福枪的合同。开始,惠特尼的工厂用手工方法难以完成。后来,他运用互换性的原理,选择一支标准枪为基准模型,分零件仿造,按专业化组织生产,这些零件在每支枪上都可以使用并可互换,提高了生产效率和质量,完成了合同。由于在批量生产中采用了可以互换零部件的方法,开创了标准化基础上的成批生产方式,引起了企业生产组织形式的革命,并为现代化大批量流水生产奠定了基础。因此,惠特尼被誉为"美国标准化之父"。

四、计量管理工作

自然界的一切现象或物质,都是通过一定的"量"来描述和体现的。也就是说,"量是现象、物体或物质可定性区别与定量确定的一种属性"。因此,要认识大千世界和造福人类,就必须对各种"量"进行分析和确认,既要区分量的性质,又要确定其量值。计量正是达到这种目的的重要手段。从广义上说,计量是对"量"的定性分析和定量确认的过程。

计量是实现单位统一、保障量值准确可靠的活动。为了经济而有效地满足社会对测量的需要,应从法制、技术和管理等方面开展计量管理工作。计量是社会进步的产物,它不仅与人们日常生活密切相关,而且是国民经济建设和社会发展的重要技术基础,也是企业科学技术进步和现代化管理的重要保证。

【案例】 大连石化公司规范计量管理塑造诚信企业形象

大连石化公司为塑造诚信企业形象,从规范和细化定量包装产品出厂计量管理入手,对定量包装产品计量检查实行二级管理,并要求相关单位纳入操作规程,对违反规定要求的单位将进行经济责任制考核。

二级管理的第一级是车间自查,各相关单位必须建立计量抽查台账,每天对产品按照规定的技术指标进行抽查,每个品种每批次不得少于10包(袋)。第二级由主管部门计量中心对公司定量包装产品实施抽查,每月不少于6次,每次抽查不少于6包(袋)。计量抽查由计量中心和被检查单位人员在现场共同完成。相关单位计量人员必须持交接计量员证上岗。计量中心根据国家技术监督局"定量包装商品计量规定",明确了公司相关定量包装产品允许偏差标准,15kg以内允许偏差为±1.5%;15kg至25kg允许偏差应为±1.0%;25kg以上允许偏差为±0.5%。每批次抽查的定量包装产品的平均偏差应当大于或者等于零。同时,为加强计量设备管理,公司还明确了定量包装产品使用的计量器具包括流水线配备计量台秤和用于计量复核用台秤,要求台秤必须按期进行计量检定,计量精度应优于或者等于被检验定量包装商品计量偏差的1/3。

五、质量信息管理工作

质量信息管理是企业质量保证体系的重要组成部分,质量信息可分为产品质量信息和工作质量信息两个方面。

产品质量信息反馈是指生产的全过程中发现存在各种质量不良因素,以及用户反映的各种质量问题时,进行的质量信息的收集、分析、分类、传递和处理。工作质量信息反馈是指企业的任何部门、任何个人,对其他部门和其他人员的活动对产品质量的保证程度达不到要求时,而进行的信息反馈和处理。

质量信息主要来源于产品使用过程、制造过程中。例如,在使用过程中,用户的意见、产品质量调查等,制造过程中原材料质量信息、生产过程的质量状况、成品检验记录、设备检验记录等。

为了确保质量管理的有效运行,进行质量信息转换是十分必要的,应将质量信息(数据)作为一种基础资源,这对以事实为依据做出决策的质量管理工作是必不可少的。为了对质量信息进行管理,质量信息管理工作应当能够做到:

1) 识别信息需求。
2) 识别并获得内部和外部的信息来源。
3) 将信息转换为对组织有用的知识。
4) 利用数据、信息和知识来确定并实现组织的战略和目标。
5) 确保适宜的安全性和保密性。
6) 评估因使用信息所获得的收益,以便对信息和知识的管理进行改进。

【案例】　某企业认真对待异常质量信息

某企业对顾客投诉(来电、来函)所反映的频繁性质量问题,采用以下措施。质量管理部门登记并填写"外场质量信息传递单",经主管部长批示后发责任单位,并经质量副总经理批准后发责任单位。责任单位经分析、纠正及采取纠正措施后,在7日内以"纠正措施报告表"形式报质量部门。必要时以"质量信息回复单"形式将有关情况反馈给顾客。

产品采购或生产过程中发现属供方责任,造成成批性和重复性质量故障或供方评定过程认为需要采取纠正措施时,由质量管理部技术室填写"质量信息传递单",主管部长签署意见,必要时经质量副总经理批准。"质量信息传递单"发至供方,要求供方采取纠正措施,实施改进。质量管理部门负责督促供方整改和收集供方整改信息。

▶▶▶ 第六节　质量成本管理

企业的经营是向用户提供产品来获得经济效益,从而得以生存和发展。企业提供的产品质量优异,能够很好地满足用户的需要,用户用起来满意放心。因此,优质产品会受到用户青睐,具有较高的质量信誉和稳固的市场,常常畅销不衰,为企业赢得稳定持久的经济效益。反之,劣质产品不仅会造成企业人财物的白白浪费以及退货、索赔等直接经济损失,而且会引起顾客的不满,导致产品信誉下降、市场占有率降低和产品滞销,使企业蒙受更大的经济损失。因此,产品质量的优劣直接影响到企业的经济效益,关系到企业的兴衰存亡。随着产品数量的不断增长,市场竞争日趋激烈,质量日益成为企业经营的主要因素。企业的经营必须以向用户提供优质产品和合格产品为目标。质量管理的根本任务就是采取各种措施、手段和方法,确保企业和用户获得满意的质量、合格的质量、优良的质量,将不良品、劣质产品、质量缺陷、质量问题的发生减少到最低程度。

一、质量成本的概念

质量成本(Cost of quality)是人们在企业质量管理的实践中逐步形成和发展起来的。20世纪50年代朱兰提出了"矿中黄金"的概念,认为废品损失就像亟待开采的"金矿",只要管理得当,降低废品费用就如同从金矿中开采出黄金,指出了质量成本分析的重要性。今天,人们已经明白,良好的产品和服务质量与低成本并不是相互矛盾的。

世界上最早运用质量成本分析的企业是美国的通用电气公司,负责设计该公司质量成本体系的就是著名质量管理专家菲根堡姆。20世纪50年代初期,他为通用电气公司设计了一个质量成本报告体系,即以美元为计量单位,把因质量预防和鉴定活动所发生的费用与产品质量不符合要求所引起的损失放在一起考虑,向公司管理当局提供有关质量问题影响企业经济效益的资料,并有针对性地提出质量改进建议、质量改进方案以及这些建议、方案的经济重要性,以引起管理当局对质量工作的重视,便于管理者正确进行质量决策。

质量成本是将产品质量保持在规定的质量水平上所需的费用。质量成本是企业生产总成本的一部分,它包括确保满意质量所发生的费用,以及未达到满意质量时所遭受的有形和无形损失。

质量成本是管理的经济表现,是衡量质量体系有效性的一个重要因素。对质量成本进行统计、核算、分析、报告和控制,不但可以找到降低生产成本的途径,促进经济效益的提高,同时还可以监督和指导质量管理活动的正常进行。因此,质量成本是质量管理深入发展和财务成本管理必须研究的问题。

开展质量成本管理对改进产品质量、降低成本、提高企业素质也具有重要的现实意义。我国一些企业在推行全面质量管理活动中,开展质量成本管理,对促进质量管理工作的深入开展,提高产品质量,降低产品成本起到了很大作用。

【案例】 开展质量成本管理的意义

某公司是一家中美合资企业,从1990年成立以来,以差异化为经营战略,取得了较好的业绩,迅速成为行业的领先者。然而,在行业进入成熟期后,企业的增长势头受到了抑制。2000年,为进一步提高企业的管理水平,开始引进日本丰田的精益生产方式,特别是对现场中的库存、制造、等待、搬运、加工、营销等多种浪费的存在有了比较清醒认识,并且在实际工作中努力加以改善。但是随着活动的进一步深入,管理人员发现,企业的日常管理中存在着许多无效的管理,它们按照通常的管理方法,所造成的损失是难以测量的,因此常常作为正常的管理成本而不被发现,使企业的经营管理难以得到持续的改进。为此,需要一种新的工具来发现这些质量成本和浪费,在经过反复比较后,该公司最终选择了质量成本法来解决这一问题。

二、质量成本的构成

质量成本可以分为控制成本和损失成本(或故障成本)。我们可以将第一次就把事情做对的成本作为控制成本,将做错事的成本作为损失成本。

控制成本与从生产过程中消除缺陷的活动有关。消除缺陷可以通过预防和鉴定两种方式来实现。预防成本包括诸如质量计划、新产品的评审、人员的培训和工程分析等活动的成本。这些活动发生在产品投入生产之前，其目的是防缺陷于未然。控制成本的另一类型是鉴定或检验成本，鉴定或检验的目的是在缺陷出现之后，但产品还未交付用户使用之前消除缺陷。

损失成本又称故障成本，可以是生产过程中产生的(内部损失成本或内部故障成本)，也可以是在产品发运后产生的(外部损失成本或外部故障成本)。内部损失成本包括不合格品损失费、返修费、质量降级费和机器设备停工损失费等。外部损失成本包括理赔费、退货损失费和折价损失费等。

由此可知，质量成本又可以分为预防成本、鉴定成本、内部损失成本和外部损失成本四类。

1. 预防成本

预防成本是指预防不合格品或质量缺陷所支付的费用。预防成本支出项目包括质量工作费(为制定质量政策、计划、目标、编制质量手册及有关文件等一系列活动所支付的费用)、质量培训费(为达到质量要求或改进产品质量的目的，提高职工的质量意识和质量管理业务水平，进行培训所支付的费用)、工资及职工福利费(从事质量管理人员的工资及职工福利资金)、新产品评审费(新产品投产前进行质量评审所支付的费用)、质量活动管理费(为推行全面质量管理工作所支付的费用，如质量管理协会经费、质量管理咨询诊断费、质量奖励费、质量情报费及质量部门的办公费)、质量改进措施费(为保证或改进产品质量所支付的费用)、质量评审费(对本部门、本企业的产品质量审核和质量体系进行评审所支付的费用)及其他费用(上述未包括的有关费用)。

【案例】 产品设计时的成本考虑

产品设计开发之前进行详细的市场调查，必须考虑以下内容：
1) 该产品市场供求信息。
2) 国内外该类产品水平及发展趋势。
3) 市场对产品的品种、规格、性能、质量、价格等的要求。
4) 市场对产品寿命的预期。
5) 国家政策对该产品的控制。

设计过程应注意的成本问题：
1) 原材料的采用应在能够实现设计目标前提下，尽量采用较低成本的材料。
2) 产品设计应充分考虑生产的效率。
3) 高新技术的使用应充分考虑企业的生产现状和市场的认知、接受程度。
4) 确定合适的材料定额，提高材料的利用率。

2. 鉴定成本

鉴定成本是指评定产品是否合格或是否存在质量缺陷所支付的费用。质量鉴定可以帮助管理人员发现质量问题的所在，从而可以立即采取措施解决存在的问题，保证质量能够持续得到改善，从而减少质量问题带来的成本。当产品或服务的质量及其可靠性提高时，鉴定成本通常会降低。例如，在日本企业中，每名员工都不放过任何一个已发现的质量问题，绝对不让有质量问题的加工零件进入生产线的下一工序。这种做法不仅有利于企业迅速发现质量问题，还找到引起质量问题的根源所在，这是一种降低质量管理中鉴定成本的有效方法。鉴定成本支出项目包括进货检验费（对外购原材料、零部件、元器件及外协件进行检验、鉴定、审核所支付的费用）、工序检验费（在产品制造过程中，检查在制品、半成品、产成品的质量是否符合质量要求所支付的费用）、质检部门办公费（质检部门为开展日常检验工作所支付的费用）、工资及职工福利基金（从事质量检验工作人员的工资及职工福利基金）、产品质量认证费（对产品质量进行认证所支付的费用）、产品试验费（以检验产品质量为目的进行试验所支付的费用）、检测设备的折旧费和其他费用（上述未包括的费用）。

3. 内部损失成本

内部损失成本是指交货前因产品不合格或存有质量缺陷所导致的费用或收益损失。内部损失成本支出项目包括不合格品损失费（由于产品质量、半成品、元器件、零部件、原材料达不到质量要求无法修复或在经济上不值得修复，造成报废所损失的费用）、返修费（为修复不合格品并使之达到质量要求所支付的费用）、降级损失费（由于产品质量达不到规定的质量等级而降级所损失的费用）、停工损失费（由于设计、工艺、元器件、原材料等质量原因造成停工所损失的费用）、产品质量事故分析处理费（由于处理内部产品质量事故所支付的费用，如重新筛选或重新检验等支付的费用）、积压损失费（由于质量原因造成产成品、半成品、元器件、原材料等积压超储所损失的费用）、责任损失费（由于认为原因造成的损失费用，如物品混放、损坏或丢失所造成的损失费用）及其他费用（上述未包括的有关费用）。

4. 外部损失成本

外部损失成本是指产品交货后因产品不合格或存在质量缺陷所导致的费用或收益损失。同内部损失成本一样，当产品或服务的质量及其可靠性提高时，外部损失成本会降低。它和内部损失成本的区别在于不合格品或质量缺陷是在用户手中发现的。质量及可靠性的提高，不仅会减少售后保修费用，保持市场份额，而且还会避免由于产品或服务质量低劣而导致的人身损害，环境污染等重大事故的发生。外部损失成本支出项目包括理赔费（因产品质量不符合要求，用户提出申诉，进行理赔处理所支付的费用）、退货损失费（因产品质量不符合要求造成用户退货、换货所损失的费用）、折价损失费（因产品质量未达到质量标准，折价销售所损失的费用）、保修费（根据保修规定，为用户提供修理服务所支付的费用）、工资及职工福利基金（保修服务人员的工资及职工福利基金）及其他费用（上述未包括的有关费用）。

为了明确经济责任，考核各单位、部门质量成本的支出情况，还要按质量成本具体发生的地点进行分类，以便考核其质量成本指标的完成情况。根据这个标志，可将质量成本分为生产部门、销售部门、检验部门、全面质量管理部门等部门的质量成本。对于发生的质量成本按上述责任单位进行归集，责任明确，费用归集方便，能更好贯彻经济责任制的要求。一般情况下，预防成本可由全面质量管理部门、检验部门和供应部门负责，鉴定成本可由检验部门负责，内部损失成本可由生产车间负责，外部损失成本可由销售部门和生产部门负责。

【案例】 一汽公司成本浪费的项目

一汽公司对企业中质量缺乏而造成的成本浪费项目进行了归类。主要有以下几个方面：
1）设备、物流、外协件、规划等的停台。
2）安装或焊接、外协加工时产生的废品。
3）用户的抱怨所浪费的人力、财力及索赔工作。
4）返修时的损失。
5）各种无效的会议和工作。

总质量成本可以表达为下面各成本的和，见表1-1。

总质量成本 = 控制成本 + 损失成本
 = (预防成本 + 鉴定成本) + (内部损失成本 + 外部损失成本)

表1-1 总质量成本的形成

预防成本	控制成本	总质量成本
鉴定成本		
内部损失成本	损失成本	
外部损失成本		

质量成本的四项费用的大小与产品质量的合格率之间有内在的联系。反映这种关系的曲线称为质量成本特性曲线，如图1-6所示。在100%不合格的极端情况下，预防成本和鉴定成本几乎为零，说明企业完全放弃了对质量的控制，而导致损失成本极大。随着企业对质量管理的投入，在逐步增加预防成本与鉴定成本时，产品合格率上升，损失成本明显下降。当产品合格率达到一定水平以后，如要进一步提高合格率，则预防成本和鉴定成本将急剧增大，而损失成本降低率很小。如何合理地选择质量水平，从曲线中可以看出质量成本的极小值点A，A点对应着产品质量水平点P，企业如果把质量水平维持在P点，则有最小的质量成本。

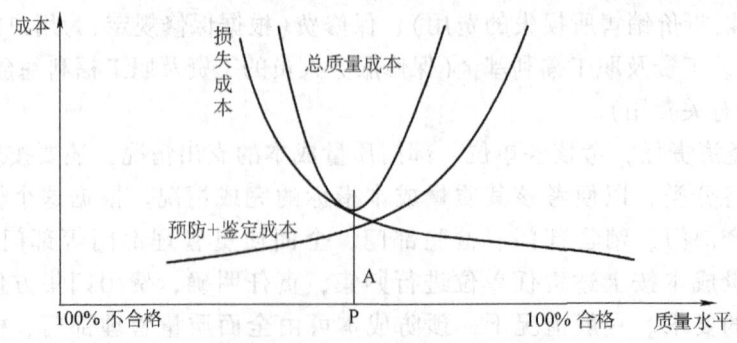

图1-6 质量成本特性曲线

根据长期大量的调查分析，质量成本的构成一般为以下情况，预防成本占质量成本总额的百分比为1%~5%，鉴定成本占10%~50%，内部损失成本占25%~40%，外部损失成本占 25%~40%，见表 1-2。其中，预防成本控制在约 10%，损失成本控制在约 50% 是较为合理的。

表 1-2 朱兰博士的质量成本比例

质量费用	占质量总成本的比例	质量费用	占质量总成本的比例
内部损失成本	25%~40%	鉴定成本	10%~15%
外部损失成本	25%~40%	预防成本	1%~5%

三、质量成本管理的功能

质量成本管理包括质量成本的预测、质量成本的计划、质量成本的分析和报告、质量成本的控制和考核。

1. 质量成本的预测

为了编制质量成本计划，对质量成本进行科学合理的控制，首先需要对质量成本进行预测。预测时，根据企业的实际状况、质量方针目标、质量成本水平、顾客需求等，通过分析各种要素与质量成本的变化关系，对成本计划中的质量成本作出估算。预测的质量成本数据可作为编制质量成本计划的依据，也可作为质量改进计划的制定依据。

【案例】 邯郸钢铁的成本预测

邯郸钢铁集团的成本管理模式的突出特点是企业内部实行"模拟市场，成本否决"。具体做法是以市场价格为主要参照系，核定出内部核算价格，并从这个价格开始，一个工序一个工序地剖析其潜在效益，从后向前核定目标成本，直至原材料采购。然后将总目标成本分解至企业内部的产品设计、经营管理的各部门，以及分厂、车间、班组等生产经营各个环节，直到每个人层层签订承包协议，并与奖惩挂钩，实行成本管理责任制。如果经营环境变化，目标成本与实际成本之间可能会有一定的差异，公司将认真分析这种差异，以采取有效措施，使得目标成本控制更加科学化。

2. 质量成本的计划

质量成本计划是指达到适宜的质量成本而筹划的各种措施，每个推行质量成本管理的部门必须编制质量成本计划并付诸实施，并逐渐使质量成本进入受控状态。质量成本计划应规定质量成本目标，采取的具体措施，要求目标定量（可测量），措施可操作，一般质量成本计划每年编制一次，下一年的计划应充分考虑过去一年的计划实施结果。

【案例】 产品改进与成本控制

本田汽车公司在设计新款轿车"思域"时，力图在降低成本的同时增加顾客满意程度。改进的地方有，将仪表盘的时钟刻在收音机显示器上，简化车身铰链，重新设计保险杆、挡泥板和其他部件，以减少组件，降低生产成本。福特汽车公司的新产品设计项目"福特产品研发系统"可以加快新车研发、改善设计质量并节约设计成本。该系统以网络为基础,集中全球范围内福特工程师的研发能力,使之竭诚合作。最近,在美国、英国和德国的4500名工程师使用了该网络工具。福特还使用结构动态研究公司的计算机辅助设计软件来加快设计进度,降低设计成本并减少汽车样品生产成本。

3. 质量成本的分析和报告

质量成本分析的目的,是通过质量成本核算所提供的数据信息,对质量成本的形成、变化原因进行分析和评价,以找出影响质量成本的关键因素和管理上的薄弱环节。质量成本分析的主要方面有:质量成本的总额分析、质量成本的构成比例分析以及质量成本与比较基数(如销售收入、产品总成本、总利润等)的比较分析。

规定质量成本核算期后(一般每月核算一次),核算部门就收集各部门有关质量成本的数据和记录,进行统计、计算并汇总。根据质量成本汇总表,企业责任部门(财务部或品质部或其它指定部门)应进行质量成本的趋势分析,并编写质量成本报告。

【案例】 质量成本数据的收集

表1-3是某公司三年度的质量成本数据收集汇总表。

表1-3 质量成本数据汇总表

年度 项目	1995	1996	1997
检测设备折旧	22000	34000	30000
废品处置	54000	76000	60000
检测	76000	120000	132000
废料成本	86000	124000	100000
产品退回	340000	82000	40000
产品检验	98000	160000	170000
质量工艺	56000	80000	84000
返工成本	140000	200000	180000
统计过程控制	—	74000	78000
测试物料	4000	6000	7000
系统开发	64000	106000	117000
质保维护	420000	140000	70000
质量退换	60000	18000	5000
合计	1420000	1220000	1073000

根据表1-3所列的数据,进行统计分析,得到报告信息,如图1-7所示。

成本报告显示1995年全年质量成本达到年度销售额的14.2%,因为产品的质量问题给

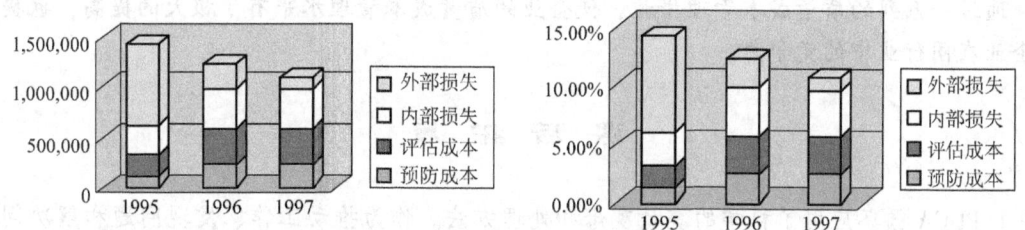

图 1-7　质量成本数据统计

公司造成一定的损失，通过实施质量成本管理系统，到 1997 年已经下降到 10.73%，在假设销售额不变的情况下公司赢利能力得到显著增强。

通过产品质量成本报告我们可以看出随着公司预防成本、鉴定成本的增加公司内、外部损失减少，公司全部质量成本从绝对值和比重都得到显著降低。

4. 质量成本的控制和考核

质量成本的控制是以质量成本计划所制订的目标要求为依据，采取措施把影响质量总成本的各个成本项目控制在计划范围内的一种管理活动。

质量成本考核就是对质量成本责任单位和个人的质量成本指标完成情况进行考察和评价，以达到不断提高质量成本管理绩效的目的。质量成本的考核应与绩效挂勾，并定期考核，以充分发挥质量成本管理的作用。

【案例】　质量成本的控制

某乡镇企业的产品一直被评为全省最优，连续几年保持同档次产品生产成本在同行业为最低的记录。该企业通过以下措施创造出了最低的生产成本。

定编减员，压缩经费开支。前几年，该企业为提高社会效益，广招农村闲散劳动力进厂，结果造成了企业人员过剩，科室人浮于事，勤杂人员多，工资开支过大。厂领导为降低成本，在全厂范围内定编定岗，压缩机构，裁减过剩人员，1200 多人的企业，只留下 50 名干部（包括各种专业技术干部），并且干部大多身兼数职。

严格定额管理，降低消耗。厂领导认为只有严格执行各种定额标准，降低消耗，才能提高经济效益。由此，企业对各生产班组、织机实行严格的定额管理，限额发料，节约提成奖励。通过定产量、定消耗、定工时，并每年确定各单位的原材料消耗降低率、能源动力降低率指标，使消耗水平一降再降。

提高产品质量档次，减少废品损失。由于外贸部门对出口产品实行优质优价，质量档次越高，产品的附加价值就越大，单位产品的成本相对就越低。为了减少废品损失，企业对职工生产的废次品实行折扣赔偿制度，这样就使生产操作者的责任心大大增强。

开展价值工程活动，综合利用各种资源，在保证产品质量的前提下采取各种措施降低成本。能用土办法、土设备满足生产需要时，他们就不用洋办法、洋设备；能用国产原料，就不用进口原料，尽量做到少花钱多办实事。

通过一系列的质量成本管理措施，使企业的质量成本管理水平有了极大的提高，也提高了企业在同行业中的竞争力。

课 后 拓 展

1. PDCA 循环应用了科学的统计观念和处理方法。作为推动工作、发现问题和解决问题的有效工具，典型的模式被称为"四个阶段"、"八个步骤"和"七种工具"，上网查一查，它们的具体内容是指什么呢？

2. 戴明博士有一句颇富哲理的名言："质量无须惊人之举。"他平实的见解和骄人的成就之所以受到企业界的重视和尊重，是因为如果能系统地、持久地将这些观念付诸行动，几乎可以肯定，在全面质量管理上就能够取得突破。戴明博士在质量管理方面做出了重大贡献，借助相关资源了解更多关于戴明博士的伟大贡献。

3. 对于即将走上工作岗位的我们，学习了第一章的内容后，有什么感受呢？和大家交流分享吧。

第二章

企业质量管理体系与质量认证

第一节 企业质量管理体系

一、企业质量管理体系概述

质量管理体系是指建立质量方针和质量目标并实现这些目标的体系。任何一个组织,只有在内部建立起质量管理体系,才能向外提供质量保证。

1. ISO 9000:2000 标准

(1) 标准的目的和用途 当组织需要证实自己有能力稳定地提供满足顾客及适用的法律要求的产品时,或者想通过对质量管理体系的有效应用来增强顾客满意时,组织就需要根据 ISO 9000:2000 标准建立自己的质量管理体系。

ISO 9000:2000 标准的用途主要体现在两方面。一方面,它适用于组织内部自身的质量管理,检验满足组织自身要求的能力,并对组织内部的体系加以评价;另一方面,它还适用于组织外部,包括顾客和认证机构等对组织满足顾客和法律法规要求的能力的评定,其中包括第二方认定或注册以及第三方认证。

(2) 适用范围 它是通用性极强的标准,适用于所有的行业和经济领域,包括提供不同类别的产品和不同规模的组织。

2. 建立质量管理体系的要求

组织应按照标准的要求建立质量管理体系,形成文件,加以实施和保持,并持续改进其有效性。

具体做法有:

1) 识别质量管理体系所需的过程及其在组织中的应用。
2) 确定这些过程的顺序和相互作用。
3) 确定为确保这些过程的有效运作和控制所需的准则和方法。
4) 确保可以获得必要的资源和信息,以支持这些过程的运作和对这些过程的监视。
5) 监视、测量和分析这些具体过程。
6) 实施必要的措施,以实现对这些过程策划的结果和对这些过程的持续改进。

二、质量管理体系的建立和实施

质量管理体系简称 QMS,ISO 9000 中提出了建立和实施质量管理体系的 8 个步骤:①确定顾客和其他相关方的需求和期望;②建立组织的质量方针和质量目标;③确定实现质量目标必需的过程和职责;④确定和提供实现质量目标必需的资源;⑤规定测量每个过程的有效性和效率的方法；⑥应用这些测量方法确定每个过程的有效性和效率；⑦确定防止不合格并消除产生原因的措施；⑧建立和应用持续改进质量管理体系的过程。

组织建立、完善质量管理体系并取得认证的过程一般可以从五个阶段来实施：①质量管理体系建立的组织策划；②质量管理体系文件的编制；③质量管理体系的实施、运行和保持；④质量管理体系审核和评审；⑤质量管理体系资格认证。

1. 质量管理体系建立的组织策划

组织由于自身的需要和市场的推动，产生建立和实施质量管理体系的意识和行为，这一阶段是质量管理体系建立的前期工作。领导决策，统一思想，形成共识；组织落实，拟订贯彻工作计划；教育培训，统一认识；确定质量方针，制订质量目标；现状调查和分析；调整组织结构，配备资源等方面。

2. 质量管理体系文件的编制

质量管理体系的实施和运行是通过建立贯彻质量管理体系的文件来实现的。编制适合企业自身特点并具有可操作性的质量管理体系文件是质量管理体系建立过程中的中心任务。具体工作要落实到：①质量管理体系文件的策划和编制；②体系文件编写培训；③质量管理体系文件的审核、批准和发布。

3. 质量管理体系的实施、运行和保持

在实施质量管理体系中，还需要进行质量管理体系实施的教育培训，实施运行质量管理体系并完善各项记录。

4. 质量管理体系的审核和评审

内部质量管理（简称内审）和管理评审在体系建立的初始阶段对体系运行来说非常重要，质量管理体系审核的重要内容主要是验证和确认体系文件的符合性、有效性，管理评审是评价质量管理体系适宜性、充分性和有效性的重要手段。

5. 质量管理体系资格认证

贯彻 ISO 9000 标准，建立与实施质量管理体系涉及到方方面面，仅仅靠企业很难完成，因而聘请外部的专家或顾问指导、协助企业建立健全科学、有效的质量管理体系，在认证前企业要做相关准备工作，例如，模拟审核，组织针对不合格项目举一反三，以点带面制订纠正措施计划，限期整改。在准备工作全部做完后，企业可根据需要申请第三方认证，选择认证机构并提出认证申请，向认证机构提交质量管理手册并确定认证日程表，做好认证时的准备工作，并跟踪认证后的纠正措施。

三、质量管理体系文件的编制

质量管理体系文件是为了质量管理体系的运行提供依据的，是要使用的，但并不是为了编写文件而编写的。文件要适合组织的需要和运作，便于执行者和相关方的理解，能够操作和执行。

1. 质量管理体系文件

质量管理体系文件是描述质量管理体系的一整套文件，可以采用纸张、计算机磁盘、光盘或其他电子媒体、照片或样件，或它们的组合来记录或保存文件。

对质量管理体系建立过程中质量管理体系文件的作用有下列著名的描述：

——写你所做的，做你所写的。

——该说的要说到，说到了一定要做到。

——"通用质量的交通路线图"(费根堡姆)。
——给出了最好、最切实际的达到质量目标的方法。
——ISO 9000 标准强调的是"文化件的质量管理体系"而不是"体系的文件化"。

2. 质量管理体系文件的类型

质量管理体系文件的类型包括：
1）形成文件的质量方针和质量目标。
2）质量手册。
3）本标准所要求形成文件的程序。
4）组织为确保其过程的有效策划、运行和控制所需的文件。
5）本标准所要求的记录。

3. 质量管理体系文件编写原则

（1）系统性　文件要便于检索。质量管理体系文件之间是分层次并相互关联的，手册、程序文件、作业指导书之间是层层展开并细化的，不能相互矛盾。

（2）继承性　形成的质量管理体系文件要广泛吸收组织在实践中积累的经验和有效的做法，对切实可行的管理制度和管理经验在质量管理体系文件编写中要进行选择和吸收。也可以将一些手册或程序文件引入，既可以减少编写的工作量，还能保持原来好的做法。

（3）适用性　文件的编写要结合组织的实际情况，要尽量用组织熟悉的语言和运作形式，可操作性强，在实际应用中能够真正发挥作用。

（4）指令性　体系文件是组织的"法规"，文件的要求要与现行的法律、法规和标准等要求相符，文件的内容尽量做到"跳一跳，够得到"的标准。

4. 质量管理体系文件编写贯穿的思路

1）要以 8 项质量管理原则为主线。
2）要体现过程方法模式的应用，主要是应用 PDCA 循环来展开过程。
3）要紧密结合组织的需要进行策划和实施。
4）明确是否有剪裁的需求并确保合理性。
5）将 ISO 9000 标准与 ISO 9004 标准作为协调成对使用。

5. 质量管理体系文件的编制应注意的问题

质量管理体系文件应该由参与过程和活动的人员来制定，采用谁负责过程谁编写文件的模式，这样，可以让员工更好地理解要求，并且也可以调动员工的积极性，让他们以主人翁的角色参与其中。

当然，在具体编制时应注意以下一些问题：
1）只有在策划工作完成后才能正式制定。
2）质量手册组织可以统一由组织制定，其他质量管理体系文件由归口职能部门分别制定，先提出草案，再组织会签和审核，消除不协调或矛盾的地方，以便于今后文件的执行。
3）结合本单位质量职能分配。按各部门分管的条款和所选择的质量体系要求，逐个展开为各项质量活动（包括直接质量活动和间接质量活动），将质量职能分配落实到各职能部门。
4）为了使所编制的质量管理体系文件做到协调统一，在编制前应制定"质量管理体系文件明细表"，将现行的一些文件与质量管理体系条款的要求进行比较，从而确定新编、增编或修订质量体系文件项目。

5）为了提高编制效率，减少返工，在编制过程中应加强协调。

6）在编制文件时要注重实效，尽可能通俗易懂，符合标准，符合实际情况，说到做到。

7）质量管理体系文件不可能完全改变不良的一面，要尽量与企业的实际和文化需要和谐处理好。

8）将岗位设置、培训、提升相结合。

【案例】 某公司的质量管理经验

某公司对于生产现场发生质量问题时，原来规定先由员工填写《工序质量反馈单》，经质量部长确认后，下达《纠正预防措施表》，由员工按处理意见实施，再由检验人员确认。在整个过程中，对于造成的工时等损失，没有单独核算，而是计入了正常工时中。因此，按照这种方法，虽然符合了 ISO 9000：2000 中 8.3"不合格品的控制"的要求，但是无法对质量成本损失很快计算出来。

为了提高这个流程的效率和有效性，公司把上述表格合并为《工序质量反馈处理单》一张表格。该表格中不仅有"质量问题"、"生产原因及解决措施"等栏目，而且还设置了"生产工时记录"及"停工工时记录"等栏目。这样，对于不合格品的控制，从原材料的损耗到工时损耗，均可一目了然，极大地提高了工作效率，也及时反映了质量成本的控制。

第二节 ISO 9000 质量系列标准简介

一、ISO 9000 族标准的产生背景

质量管理和质量保证标准的产生决不是偶然的，它是现代科学技术和生产力发展的必然结果，是国际贸易发展到一定时期的必然要求，也是质量管理发展到一定阶段的产物。

20 世纪后半叶，由于科学技术迅速发展，新产品不断出现，其中相当一部分是具有高安全性、高可靠性、高价值的产品。这些产品在质量上的缺陷不仅给生产企业本身带来巨大的损失，而且也给顾客造成巨大的损失，有的后果还相当严重，甚至影响到国家安全、生态环境和人类生存。例如，核电站、飞机、火车、锅炉、桥梁、隧道、汽车、火箭等产品，不但在生产上要花费大量资金，占用大量时间，投入大量人力，而且这些产品都是多环节的产物，一旦某些环节失控，不能保证质量，在使用过程中发生质量事故，其影响范围之大，损失之巨是难以估计的。据美国产品安全全国委员会 1970 年的统计报告，每年因使用具有缺陷的产品而使身体受到伤害的约 2000 万人，其中致残的约 11 万人，致死的约 3 万人。从以上事实可以说明，现代文明既给人们带来丰富的产品，同样也伴随着更多的危险和更大的灾难。因此，社会和顾客都要求生产企业能建立一套质量体系，对产品质量形成全过程中每一环节的技术、管理和人员等方面的因素进行控制，长期稳定地生产满足顾客需要的产品。

自 20 世纪 60 年代以来，世界贸易有了长足的发展，随着国际交往的日益增多，产品越

出了国界,出现了产品国际法,其结果必然产生产品责任国际化的问题。为了有效开展国际贸易,分清产品责任,减少产品质量问题的争端,人们希望在产品国际化的基础上再提高一步,要求质量管理国际化。这就不仅要求产品质量符合统一的技术标准,而且要求有一个共同的语言,能对企业的技术、管理和人员能力进行评价。许多国家和地区性组织陆续发布了一系列质量保证标准,作为贸易往来供需双方认证的依据和评价的规范,但由于缺乏国际统一的标准,给不同国家企业之间在技术合作、质量认证和贸易往来上带来困难。在这样的背景下,为保证国际贸易的迅速发展,制定质量管理和质量保证方面的国际标准已势在必行。

任何标准都是为了适应科学技术以及社会经济发展变化的需要而产生的,ISO 9000 族标准的诞生同样如此。

1. 贸易国际化与企业生存发展的需要是 ISO 9000 族标准产生的根本原因

随着科学技术的不断进步,经济的发展,国际贸易竞争的加剧,用户对产品质量的要求越来越严格,而这种质量又必须考虑与价格相一致。从经济和技术的角度来看,竞争主要表现在价格竞争和非价格竞争两个方面。价格竞争是指出口国以低于国际同类商品的价格排挤竞争对手,扩大本国商品销路。但是低价销售办法不仅使利润锐减,如果构成倾销还会受到有关法律的制裁。20 世纪 70 年代以后,非价格竞争日益激烈。产品的质量、包装、花色品种等成为贸易成交的首要条件。在这种情况下,世界范围的以质量保证评价为核心的贸易交流活动广泛展开。

产品要打入国际市场,首先要有产品质量的保证条件,即质量保证是第一位的,在合作生产时,需要方往往采用质量保证标准对合作伙伴进行质量保证能力的审核、评价,促使供方开展外部质量保证活动,适当情况下,才能使需要方有充分信心建立合作关系。此外,需要方在采购产品时,要对供应方所进行的产品检验和试验结果及供应方组织内的质量体系是否有效运行这两个方面取得可靠证据,如果证据可信,才有充分的信心采购其产品。因此,随着各国经济方面的相互合作、相互依赖和相互竞争的日益增加,对供应方的质量保证能力进行审核、对生产方内部的质量体系进行评价已成为贸易交往和国际间经济合作的前提,并且随着贸易交往的不断发展,质量管理和质量保证的国际化,已成为了各国的迫切要求。为了有效地开展国际贸易,一些地区性的组织开始大量研究质量管理国际化的问题,以便使不同的国家、企业之间在技术合作、经验交流和贸易往来上,在质量方面具有共同的语言、统一的认识和共同遵守的规范。20 世纪 70 年代末,许多国家和区域性组织发布了一系列的质量管理和质量保证标准作为贸易交往供需双方评价的依据和遵守的准则。在这种背景下,国际标准化组织于 1979 年成立了质量管理和质量保证标准化技术委员会,开始着手制定质量管理和质量保证国际标准。

与此同时,消费者(需要方)在采购产品时所表现出的预期是非常具体的——希望企业所提供的产品款式新颖、质量好,否则,企业所生产的产品在市场上将不受欢迎,形成滞销。在供需双方就产品供货达成协议时,特别是对那些结构复杂、制造难度大的产品,需要方往往从自身利益出发,为了得到质量稳定的产品,不仅要向供应方提出产品质量要求,而且还十分注重供应方对影响产品质量方面在管理、技术、人员等因素的控制能力,如果上述因素达不到需要方规定的要求,需要方将放弃与供应方的合作。因此,企业为了获得质量信誉,占领市场,获取最佳的经济效益,求得企业的生存与发展,不得不从加强内部的质量管理入手,建立行之有效的质量管理体系,并对影响质量的各个因素实施有效的控制,不断改进产品质量，以达到满足用户对产品质量要求的目的。企业为了获得用户的信任，在加强内部管理的同时，也不得不重视实施外部质量的保证。

【案例】 许村努力走国际化之路

海宁许村有"中国家纺装饰布第一镇"的美称，正当目前国内家纺装饰布生产厂家因无内销业务而发愁之际，许村镇却依然"牛气"冲天。以天屹织造、金达布业、新时新织造为代表的30多家家纺企业，每天都能收到外贸公司及国外进口商要货订单。如今，许村镇的沙发布、窗帘布等家纺产品源源不断地出口到世界20多个国家和地区。

许村原来是海宁最落后的乡镇，农村除了耕地种田外，几乎家家户户都有绸机，生产被缎，但由于技术落后，又没有销路，效益十分差，农民生活条件十分艰苦。穷则思变，上世纪八九十年代，许村广大农民抓住改革开放的契机，利用生产被缎的设备和经验，开始生产沙发布、窗帘布。由于有过生产被缎的经验，工人吃苦耐劳，适销对路，很快就闯出了一翻天地。找对了路子，许村人乘胜追击，进一步扩大生产规模，并把市场瞄准了国际。此举一发不可收拾，由于产品质量可靠、价格便宜、花样繁多，很快受到国际客户的欢迎，订单源源而来，企业队伍不断壮大。现在许村的沙发布、窗帘布远销20多个国家和地区，出口量达8000多万米，名列全国第一。

许村靠出口致富，成为全国最大的家纺装饰布产销基地。但许村人民并没有满足于此，现在已经成立了工业园区，设计、生产、销售一步到位，努力打造家纺装饰布的国际品牌，走企业国际化之路。

2. 科学技术的进步与社会生产力水平的提高是 ISO 9000 族标准产生的重要技术支撑

随着科学技术的不断发展，新技术、新产品层出不穷，产品的结构和品种越来越多、越来越复杂，用户（消费者）仅仅靠自身的知识能力和经验已经很难判断产品质量的优劣，而许多现代产品（如飞机、核电站、桥梁、隧道、通信卫星等都是多环节的产物）一旦某些环节失控，损失将是难以估量的。同时，在现代化生产和销售的系统中，产品往往是许多生产厂商和若干个生产组织共同研制的成果，因而，一旦发生产品责任事故，消费者（用户）将很难找到对产品质量应负相关责任的组织。由于上述原因，早在20世纪30年代，人们就形成了"产品责任的概念"——由于产品的生产或销售存在着缺陷而造成了消费者或第三者的人身伤害或财产损失，依法由生产者或销售者负责赔偿的一种法律责任。1936年初，美国纽约成立了"消费者联盟"，这是最早的消费者组织。消费者要求从法律上保护其利益。

20世纪60年代以来，产品责任已成为国际上普遍关注的一个重要问题，许多国家制定了产品责任法。美国1967年设置了国家产品安全委员会，1972年制定并发布了《消费者产品安全法》。欧洲理事会于1977年1月27日颁布了《涉及人身伤害与死亡的产品责任公约》。欧洲经济共同体颁布了《产品责任指令》。法国、比利时、荷兰等9个欧洲国家于1973年10月2日签订了《关于产品责任适用法律公约》——海牙公约。这三项产品责任法都是关于因产品缺陷造成人身和财产损害而追究责任的法律规定，是国际社会三项最重要的责任法。

20世纪80年代以来，消费者强大的力量迫使制造厂商考虑消费者利益，承担产品责任。一些国家在处理产品责任问题时，也逐渐从根据合同法处理向侵权法转化，由过失责任原则向无过失责任原则转化。以侵权责任诉讼来处理产品责任问题，为顾客利益和社会安全免受新技术的影响提供了更加充分的保护。同时，顾客也已不再满足供方一般的担保——因为卖方所承担的产品责任仅仅是在解决事后赔偿问题，而人们更关心的却是要得到一个长期稳定的产品。于是，就提出了对产品质量进行管理和监督的实际需要。

产品的质量要求是由技术标准来体现的，对于现代产品而言，由于产品结构和制造工艺复杂，仅仅对产品按技术标准加以验证显然是不够的，因为当技术标准和生产方的组织体系不完善时，标准本身就已不再能够保证产品质量始终达到要求。因此，企业必须在产品质量的形成过程中加强管理和实施监督，要求生产方建立相应的质量体系，提供能够充分说明质量符合要求的客观证据。这些质量保证活动需要一定的费用。但是，对于不少现代产品，尤其是具有高安全性和高可靠性要求的产品，如果发生故障和失效，它所造成的损失，对顾客来说是相当巨大的。因而顾客宁愿承担由于生产方提出质量体系要求所增加的费用，以求得安全可靠的产品，把风险降到最低限度。

从企业角度来看，为了避免因产品缺陷而引起的巨额赔款，企业宁可"先花少量的钱，来避免今后赔偿更多的钱"。开展质量保证活动，加强质量管理，注重质量保证活动，以便减少质量问题的发生，并在追究责任时，能够提出足够的证据为自己辩护。企业为了提高自己的信誉，加强竞争力，还向权威机构申请对其质量体系进行认证。这就发展形成了 ISO 9000 系列标准产生的客观条件。

【案例】 严格控制产品质量 东莞玩具企业出口增长

产品质量是企业的生命，不仅关系企业的存亡和百姓的健康，更关系到东莞乃至国家的形象。该市重视产品质量和食品安全，在企业中引起了强烈反响。

麻涌镇伟嘉塑胶电子制品有限公司是一家生产玩具配件的企业，主要生产玩具齿轮箱，由于企业重视产品质量，生产出来的产品质量可靠，世界上前十位的玩具商均与伟嘉开展过合作。目前，全球玩具齿轮箱 70% 的市场份额已被伟嘉占据。

伟嘉塑胶电子制品有限公司质检部副经理朱锦文说："最近很多领导下来视察，来了解，我觉得我们中国的领导对玩具安全方面确实是有足够的重视，当然是有好处，最起码对我们所有玩具生产商，或者从业人员，可以全民认识到玩具安全、玩具品质方面的重要，使得大家更加注重品质方面的控制。"

几年前，"伟嘉"拿到丹麦一知名玩具商的订单，对方要求玩具齿轮尺寸误差不能超过一根头发直径的十分之一长。一开始，企业对产品质量要求不严，生产出来的产品未能达到对方的要求，差点失去订单。随后，"伟嘉"全体员工上下一条心，严格控制产品质量，终于将标准的玩具齿轮，交到了丹麦玩具企业的手中。

朱锦文说："如果没有好的品质，公司是没办法生存下去的。"

产品质量是企业的生存之本，金杯、银杯不如老百姓的口碑，只有过硬的产品质量才能在市场上站稳脚跟，才能得到消费者的认可。玩具业是东莞的重要产业之一，像"伟嘉"这样重视产品质量的企业，在该市还有很多。

3. 质量管理理论与实践的成功为 ISO 9000 族标准的产生提供了理论依据

当今世界民用质量保证标准，是在军工采购标准影响下发展起来的。第二次世界大战以后，军事工业得到了迅猛的发展，武器装备的复杂程度得到了惊人的提高，产品质量已经不能仅仅依靠检验去把关，有不少质量问题是在使用过程中逐渐暴露出来的。另外，新的军事装备大量增加，除了进行试验和验证程序外，还需要进行必要的质量控制。例如，在一场战争中武器质量好与坏（当然也包括先进和落后的因素）起着决定的作用，一旦发生质量事故，可能酿成大灾难，甚至导致一场战争的失败和政权的失落。各国政府深深感到军品质量的重要性，要真正保证产品质量，就需要对生产厂家产品生产的全过程实行有效的质量控制。各国政府都采取了在采购军品时，不但提出产品特性要求，并且要提出对生产厂家的质量保证体系要求，这样才能使政府有相当大的把握、足够的信心，有充足的证据认为采购的物资能达到产品质量要求。在这种情况下，1959 年，美国政府率先发布了 MIL—Q—9858A《质量大纲》要求——这是世界上最早的有关质量保证方面的标准文件。该文件要求军品承制企业"应在实现合同要求的所有领域和过程中充分保证质量"。同时还要求承制企业根据标准文件编制本企业的实施细则——质量手册。在质量保证实践的基础上，美国国防部在 1963 年、1981 年、1985 年先后 3 次分别对 MIL—G—9858A 作了补充和修订，越来越趋于完善。与此同时，美国国防部还发布了 MIL—Q—45208A《检验系统要求》，作为生产一般武器的质量保证标准文件。此外还制定了 MIL—HDBR—50《承包商质量大纲评定》和 MIL—HDBR—51《承包商检验系统评定》，作为前述两个标准的补充，从而形成了一套完整的质量保证标准文件。

20 世纪 70 年代以后，军品生产中质量保证活动的成功经验很快传播到了民品生产的领域。同时，由于广泛开展了质量保证活动，事故频次逐渐下降，一直降到最低程度。美国质量保证活动的成功经验，很快被一些工业发达国家所借鉴。英国于 1979 年发布了一套质量保证标准，加拿大于 1979 年制定、并于 1985 年修订了一套质量保证标准。

同时，世界各国在自己的发展战略中，都非常重视质量政策的制定，尤其是经济发达国家都把提高产品质量作为增强国力、改善国际经济地位的途径之一。

英国政府于 20 世纪 80 年代发布了《一个全国性的质量战略》，把质量作为产品竞争的最重要的非价格因素，到 20 世纪 80 年代末，英国政府用于质量管理、质量保证方面的投资每年达 150 万～200 万英镑，有力地推进了质量运动。

20 世纪 50 年代初，日本从美国引进了质量管理，1951 年设置了戴明奖和实施奖，1960 年开始举办"质量月"活动，并开展全面管理活动，1969 年设置了质量管理奖，开展全民质量教育。在短短 50 年的时间里，坚持质量立厂、质量立国的指导思想，从战后一片废墟中崛起，成为世界上屈指可数的工业发达国家，取得了巨大的经济效益。

由于产品市场竞争的日益激烈，美国产品在世界市场上遇到了来自德国、日本等国产品的严峻挑战，由此美国政府意识到"美国若想在世界上处于领导地位，获得质量领域领导地位的作用是至关重要的——经济上的成功取决于质量"。1984 年美国国会通过决议，规定每年的 10 月为"质量月"，其口号是"质量第一"。另外，英国、法国、挪威、瑞典、加拿大、瑞士、荷兰、澳大利亚、新加坡等国政府也都先后颁布了质量管理和质量保证活动的政策。

所有这些质量保证活动以及各国实施质量保证国家标准的成功经验实际上都为 ISO 9000

族标准的产生奠定了可靠的实践基础。

【案例】 海尔的质量观在发展

张瑞敏曾说:"质量的高标准是用户制定的,用户满意了才是高质量;反之,用户不满意,不买你的产品,你说你的质量再高也没有用。"

"没有质量就没有海尔的今天,但是,我们的质量标准与其他一些大企业不太一样的地方,就是我们的是动态的,永远根据用户的需求来做。"

在改革开放初期,产品供不应求时,海尔的质量标准就是产品下线时检测一定要合格,但那时,这样一个标准,很多企业却还做不到。

到了 20 世纪 90 年代,供求平衡了,紧接着出现供大于求,这时海尔的质量标准从生产线延伸到用户家里,也就是说质量标准又加进了服务的内容,质量概念广义化了。因此,海尔的服务在国内走在了前面。

现在海尔在走向全球化,质量的标准和目标又不一样了。这就是要让世界各地的用户都来认同你,这是一个全新挑战。海尔现在的质量标准就不能是仅仅符合国际标准就算高质量了,而是要符合当地用户的需求才行。例如在中东地区,在巴基斯坦等国,洗衣机就要根据能洗大袍子衣服来设计;在印度等地,必须要适应当地经常停电、电压不稳等条件来开发设计产品。这实际上将对质量的认识又向前发展了,变得更广义,内涵更深了。

新的质量观是信息化时代所决定的,张瑞敏说:"因为信息化时代是用户决定你的产品,而不是产品决定用户,也就是说,是用户选择产品,而不是产品选择用户。以满足用户需求来定质量标准,并不是说,检测等基础的质量管理措施都不用了,而是说那只是一个必要条件,但不是一个充分条件。"张瑞敏认为,充分条件就是企业整个系统的高质量管理,进一步说,就是每一个员工的质量水平都要提高,靠员工的高素质和组织结构扁平化来保证和满足用户需求。

二、ISO 9000 族标准的内容

ISO 9000 族标准是国际标准化组织(英文缩写为 ISO)于 1987 年制定的,后来经过不断修改完善而形成了现在的系列标准。现在已经有 90 多个国家和地区将此标准等同转化为国家标准。

一般地讲,组织活动由经营、管理和开发三方面组成。在管理上又主要表现为行政管理、财务管理、质量管理等。ISO 9000 族标准主要针对质量管理,同时涵盖了部分行政管理和财务管理的范畴。

ISO 9000 族标准并不是产品的技术标准,而是针对组织的管理结构、人员、技术能力、各项规章制度、技术文件和内部监督机制等一系列体现组织保证产品及服务质量的管理措施的标准。

具体地讲 ISO 9000 族标准就是在以下四个方面规范质量管理:

(1) 机构　标准明确规定了为保证产品质量而必须建立的管理机构及职责权限。

(2) 程序　组织的产品生产必须制定规章制度、技术标准、质量手册、质量体系操作检查程序，并使之文件化。

（3）过程　质量控制是对生产的全部过程加以控制，是面的控制，不是点的控制。从根据市场调研确定产品、设计产品、采购原材料，到生产、检验、包装和储运等，其全过程按程序要求控制质量，并要求过程具有标识性、监督性和可追溯性。

（4）总结　不断地总结、评价质量管理体系，不断地改进质量管理体系，使质量管理呈螺旋式上升。

三、ISO 9001 标准的一般特点

1）通用性强。1994 版 ISO 9001 标准主要针对硬件制造业，新标准还同时适用于硬件、软件、流程性材料和服务等行业。

2）更先进、更科学。总结补充了组织质量管理中一些好的经验，突出了 8 项质量管理原则。

3）对 1994 版标准进行了简化，简单好用。

4）提高了同其他管理的相容性。例如，同环境管理、财务管理的兼容。

5）ISO 9001 标准和 ISO 9004 标准作为一套标准，互相对应，协调一致。

四、企业组织通过 ISO 9000 质量管理体系认证的意义

企业组织通过 ISO 9000 质量管理体系认证具有重大意义，具体体现在以下几个方面。

1）可以完善组织内部管理，使质量管理制度化、体系化和法制化，提高产品质量，并确保产品质量的稳定性。

2）表明尊重消费者权益和对社会负责，增强消费者的信赖，使消费者放心，从而放心地采用其生产的产品，提高产品的市场竞争力，并可借此机会树立组织的形象，提高组织的知名度，形成名牌企业。

3）ISO 9000 质量管理体系认证有利于发展外向型经济，扩大市场占有率，是政府采购等招投标项目的入场券，是组织向海外市场进军的准入证，是消除贸易壁垒的强有力的武器。

4）通过 ISO 9000 质量管理体系的建立，可以举一反三地建立健全其他管理制度。

5）通过 ISO 9000 认证可以一举数得，不是一般广告投资、策划投资、管理投资或培训可以相提并论的，它具有综合效益，还可以享受国家的优惠政策以及对获证单位的重点扶持。

ISO 9000 族标准的推行，与我国实行的现代企业改革具有十分强烈的相关性。两者都是从制度上、体制上、管理上入手改革，不同点在于前者处理组织的微观环境，后者侧重于组织的宏观环境。由此可见，ISO 9000 族标准非常适宜我国国情。因此，国家早已明文规定"九五"期间全面推行 ISO 9000 族标准。

五、ISO 9000 族的发展过程

ISO 9000 族标准认证，也可以理解为质量管理体系注册，就是由国家批准的、公正的第三方机构——认证机构，依据 ISO 9000 族标准，对组织的质量管理体系实施评价，向公众证明该组织的质量管理体系符合 ISO 9000 族标准，提供合格产品，公众可以相信该组织的服务承诺和组织的产品质量的一致性。

ISO 9000 族标准不仅在全部发达国家推行，发展中国家也正在逐步加入到此行列中来，ISO 已成为一个名副其实的技术上的世界联盟，造成这种状况的原因，除上述它能给组织带

来巨大的实际利益之外，更为深刻的原因在于 ISO 9000 族标准是人类文明发展过程中的必然之物。因此，在一个组织或一个国家实行 ISO 9000 族标准并非是一个外部命令，而是现代组织的本质要求。

国际标准化组织（英文缩写为 ISO）对 9000 族系列标准进行"有限修改"后，于 1994 年正式颁布实施了 ISO 9000 族系列标准，即 1994 版。在广泛征求意见的基础上，又启动了修订战略的第二阶段，即"彻底修改"。1999 年 11 月提出了 2000 版 ISO/DIS 9000、ISO/DIS 9001 和 ISO/DIS 9004 国际标准草案。该草案经过充分讨论并修改后，于 2000 年 12 月 15 日正式发布实施。ISO 规定自正式发布之日起三年内，1994 版标准和 2000 版标准将同步执行，同时鼓励需要认证的组织，从 2001 年开始可以按照 2000 版申请认证。

1. 四个标准

1）ISO 9000 作为选用标准，同时也是名词术语标准，即 1994 版 ISO 9000—1 标准与 ISO 8402 的结合。

2）ISO 9001 标准代替 1994 版 3 个质量保证模式，例如，1994 版 ISO 9002 标准获证的组织在复审时，允许对 2000 版 ISO 9001 标准进行删剪。

3）ISO 9004 标准代替 1994 版 ISO 9004—1 多项分标准。

4）ISO/CD 119011 标准代替 1994 版 ISO 10011 标准和 1994 版环境 ISO 14010、ISO 14011、ISO 14012。

2. ISO 9001 的主要变化

（1）思路和结构上的变化

1）把过去三个外部保证模式 ISO 9001、ISO 9002、ISO 9003 合并为 ISO 9001 标准，允许通过裁剪适用不同类型的组织，同时对裁剪也提出了明确严格的要求。

2）把过去按 20 个要素排列，改为按过程模式重新组建结构，其标准分为管理职责，资源管理，产品实现，测量、分析和改进 4 大部分。

3）引入 PDCA 戴明环闭环管理模式，使持续改进的思想贯穿整个标准，要求质量管理体系及各个部分都按 PDCA 循环，建立实施持续改进结构。

4）应组织管理一体化的需要。

（2）新增加的内容

1）以顾客为关注焦点。

2）持续改进。

3）质量方针与目标要细化、要分解落实。

4）强化了最高管理者的管理职责。

5）增加了内外沟通。

6）增加了数据分析。

7）强化了过程的测量与监控。

▶▶▶ 第三节　企业质量管理八项原则

8 项质量管理原则是 ISO/TC 176 在总结质量管理实践经验的基础上，用高度概括、易于理解的语言所表述的质量管理的最基本、最通用的一般性规律，成为质量管理的理论基础。

8项质量管理原则具体指以顾客为关注点、领导作用、全员参与、过程方法、管理的系统方法、持续改进、基于事实的决策方法、与供方互利的关系。

一、以顾客为关注焦点

组织依存于顾客，因此，组织应当理解顾客当前和未来的需求，满足顾客要求并争取超越顾客期望。

一个组织在经营上取得成功的关键是生产和提供的产品能够持续地符合顾客的要求，并得到顾客的满意和信赖。这就需要通过满足顾客的需要和期望来实现。因此，一个组织应始终密切地关注顾客的需求和期望，通过各种途径准确了解和掌握顾客一般和特定的要求，包括顾客当前和未来的、发展的需要和期望。这样才能瞄准顾客的全部要求，并将其要求正确、完整地转化为产品规范和实施规范，确保产品的适用性质量和符合性质量。另外，必须注意顾客的要求并非是一成不变的。随着时间的迁移，特别是技术的发展，顾客的要求也会发生相应的变化，因此，组织必须动态地聚焦于顾客，及时掌握变化着的顾客要求，进行质量改进，力求同步地满足顾客要求并使顾客满意。例如，以前的手机用户是为了随时随地能够接听电话，后来人们又需要听音乐、拍照，但现在人们开始追求手机能够方便上网、聊天、看电影等更多的功能了，所以手机制造商只有不断了解用户的需要，开发、设计顾客所期待的产品，将来产品才会有好的市场。

【案例】 泰阳系统关注用户

泰阳系统的用户都有一种意识，就是要提高客户的满意度。但是到底谁是客户，往往存在一种误解。通常认为发货人是客户，而忽略了收货人也是客户。正是由于这种误解，往往是好不容易以低运价争取来的发货人，特别是大客户，经过一段时间的运作，最终流失了。我们的一个用户，通过各种关系好不容易挤进了参与大客户竞标的行列，并且最终以较低的运价从一个竞争对手中分得了某省的长途运输和配送的一部分合同。但是没过多久，就发现客户对他们的服务颇有微辞。为此公司的头头针对发货人展开了一系列的公关活动，通过和发货客户的深入沟通发现原来问题出在到货的配送上。知道问题的关键点以后，用户立刻通过信息系统，对收货人的名单和到货量信息进行了详细分析。然后用了一个月的时间专门对其中到货量比较大的客户进行了走访，虚心听取了他们对于配送方面的投诉。充分利用泰阳系统可以进行全程全网管理的优势，从货物发运，在途跟踪，到货处理，终端配送，回单签收，回单返回各个环节采取了一系列相关改进措施。并通过客户查询系统，让发货人随时可以了解每一票货物的实际运作情况。随着收货人的满意度的增加，这个大客户的发货量也逐渐增加，到第二年这个用户已经成为该客户在该省的主要承运商了。

二、领导作用

领导者确立组织统一的宗旨及方向。他们应当创造并保持员工能充分参与实现组织目标的内部环境。

组织最高管理层的高度重视和强有力的领导是组织质量管理取得成功的关键。由于最高管理层是组织的决策层，决定和控制着组织发展的前程，对组织能否在激烈的市场竞争中处于领先地位起着至关重要的作用。在这个前提下，还必须注意各级管理者在组织的质量方针的指引下应保持认识上的一致和工作上的协调。在此基础上，最高管理层还应该创造一个良好的组织内部环境，鼓励和促进组织内部所有人员共同为实现质量方针和质量目标作出应有的贡献。曾经有人说过这样一句经典的话：领导把我当人看，我把自己当牛看；领导把我当牛看，我把自己当人看。同样一个员工，面对领导不同的管理方式，竟然有着两种截然不同的工作态度。由此可见，管理者的领导作用是相当重要的。

【案例】 积极领导员工，关注企业文化

松下文化的倡导者是松下公司董事长松下幸之助，他在20世纪30年代为自己的企业提出了七个指导性精神：品质、公正、团队合作、奋进、谦逊、社会意识、知恩报爱。

海尔文化的倡导者张瑞敏对海尔文化的描述是："海尔企业文化分三个层次，最外层是物质文化，看得见，摸得着；中间层是制度行为文化，如规章制度等；最深层的是海尔精神文化，精神文化的核心是价值观，而海尔的价值观就是两个字：创新。""海尔应像海，因为海尔确立了海一样宏伟的目标，就应敞开海一样的胸怀。不仅要广揽五湖四海有用之才，而且应具备海那样的自净能力，使这种氛围里的每一个人的素质都得到提高和升华。"

三、全员参与

各级人员都是组织之本，只有他们充分参与，才能使他们的才干为组织带来收益。

组织的质量管理是通过组织内部各级各类人员参与生产经营的各项质量活动来加以实施的。因此，人员在质量管理中始终处于主导地位，也是最活跃的因素。

质量管理实践证明，组织能否深入开展质量管理，确保产品、体系和过程的质量满足顾客及其他相关方面的需要和期望，取决于各级各类人员的质量意识、思想和业务素质、事业心、责任心、职业道德及适应本岗位的工作能力等因素。这就要求组织在推行质量管理中务必十分重视人的作用，为他们创造一个积极投入、奋发进取、充分发挥才智的工作环境，为顾客创造价值，为组织增加效益做出更大的贡献。例如，一个单位里最被看不起的往往是后勤人员，人们往往认为他们的工作谁都会做，没有多大的技术含量，可是，一旦缺少了他们，单位的生活、工作环境又会怎样呢？厕所堵了，水漏了……工作还能顺利开展吗？所以，任何一个人都是不可缺少的一分子，只有全员参与才能更好地保证质量管理的实际开展。

【案例】 让全体员工都有安全感

如何留住员工的心，这是现代企业、事业单位都面临的一个重大问题。所有员工都希望有一个好的工作环境和优厚的工作待遇，但除此之外，根据著名心理学家马斯洛的人的需求理论，作为个体的员工更需要不断提高自己的工作能力和综合素质，在工作中不断进步并获得足够的成就感。然而，许多公司往往忽视了这个看似不起眼其实非常重大的问题。欧美一些知名企业的实践证明，如果公司给员工提供有目的的培训课程，就会减少抱怨，并且离职率也会降低。

美国在10年前进行的一次企业调查表明，一年中，管理和专业人员有36%的人接受过企业提供的课程支持，有50%的人在培训时间上得到过支持，有52%的人得到过学习费用支持。即使在10年后的今天，中国企业管理人员接受培训的机会也远低于这一水平。中国有些企业出于节约资金的目的，错误地认为培养人才是很花钱的事。他们没有想到，培训人员所得到的收益远远超出培训他们所需要的花费，培训的结果使企业稳步地获得了高速发展的条件，获得了越来越旺盛的生命力。美国的一项研究表明，每1美元培训费可以在3年内实现30美元的生产收益。因此，要把培训作为一项投资，或培养企业内部培训师，或请专业公司来做企业的内部培训，建立一套适合自己的培训管理体系，并用一套运作制度来落实。

凡是成功的企业，无一不重视人才培训。中国企业在管理上与外国企业有较大差距，迫切需要通过培训改善管理，培养管理人才。中国企业要学习国际著名企业的经验，就要从培训学起。

四、过程方法

将活动和相关的资源作为过程进行管理，可以更高效地得到期望的结果。

任何所接受的输入转化为输出的活动可视为过程。通常，一个过程的输出往往会直接成为下一个过程的输入。组织为了能有效地运作，必须识别并管理许多相关联的过程。组织系统地识别并管理所采用的过程以及过程的相互作用，称为过程方法。

活动必然产生结果，结果是一种输出。因为资源和活动相关，所以资源与活动均可看成是一个系统的组成部分。通常情况下，期望的结果可理解为按照某种设想或前提条件或某种要求之下的输出。因此，相关的资源、活动、期望的结果构成了活动系统，可视为一个过程。作为过程进行管理，实际上可以引入系统的管理概念和方法，进而研究它们之间的相互关系以及相互间的影响，找出规律，实施有效的控制，从而确保可高效地获得预期的结果。俗话说：实践是检验真理的唯一标准。在实际管理过程中，要不断研究管理方法，重视过程控制，并且不断总结，不断修正，从而得到真正提高。

【案例】 日本重视过程管理

20世纪80年代，美国汽车市场向日本开放，结果日本汽车以其质优价廉、省油而把美国车打败。一个重要原因是当时虽然"零缺点的质量管理"是美国人克劳斯比提出的，但美国人仅把它当作一个鼓舞员工的教育课程，热闹了两年就偃旗息鼓了，管理学家们又钻到所谓"质管经济学"那套理论含糊的书堆里去了，而日本却将这一理论视若珍宝。在油价持续上涨的今天，日产车就更加体现出其省油的优势了。

五、管理的系统方法

将相互关联的过程作为系统加以识别、理解和管理，有助于组织提高实现目标的有效性和效率。

管理需要方法，而方法所具有的系统性则有助于管理目的的实现，并提高管理的效率和有效性。系统方法的特点在于识别由这些活动所构成的过程，分析这些过程间的相互作用和相互影响的关系，按照某种方式或规律将这些过程有机地组合成一个系统，管理由这些过程构筑的系统——过程网络，使之能协调地运行。管理的系统方法是系统论在质量管理中的应用。

【案例】 加强职业健康安全管理，达到最佳职业健康安全状态

如何加强职业健康安全管理，是世界各国都在努力探索的行之有效的科学方法。现代安全科学理论认为，一起伤亡事故的发生是由于人的不安全行为（或人的失误）和物的不安全状态所致。控制人的不安全行为，需要在总结心理学、行为科学等成果的基础上，通过教育培训等来提高人的意识和能力。控制物的不安全状态需要采纳实用安全技术来改善。但是对于复杂的工业系统来说，完全依赖安全技术系统的可靠性和人的可靠性还不能完全杜绝各种事故。直接影响安全技术系统的可靠性和人的可靠性的组织管理因素，已成为复杂的工业系统是否发生事故的最深层原因。为此，系统化管理被提到了日程。系统化的职业健康安全管理是以系统安全的思想为基础，从组织整体出发，把管理放在事故预防的整体效应上，实行全员、全过程、全方位的健康安全管理，使组织达到最佳职业健康安全状态。

六、持续改进

持续改进是一个组织积极寻找改进的机会，努力提高有效性和效率，确保不断增强组织的竞争力，使顾客满意。相关产品的需求和期望是在不断发展的，组织都要经历一个由初始到完善，直至更新的过程。改进是无止境的，所以组织整体业绩的持续改进是组织的永恒目标之一。

【案例】 维他奶树立一个"经典饮品"的形象

维他奶实际上就是豆奶，其主要成分豆浆在中国至少有两千多年的历史。50年前香港人生活并不富裕，营养不良导致疾病普遍。那时推出维他奶是作为牛奶的替代品而被接受。

到了20世纪70年代，生活水平大大提高，人们担心的不是营养不良，而是营养过剩。维他奶的消费定位随之改为"消闲饮品"，其电视广告是一群年轻人拿着维他奶随着欢快的音乐跳舞。

20世纪80年代以后，人们表现出对宁静的回归。从1998年开始，维他奶的广告重点是突出亲切、温情的一面。数十年的历程，使维他奶成为许多人成长过程的一个组成部分，成为香港饮食文化的代表作，维他奶开始树立一个"经典饮品"的形象。

针对欧美居民脂肪摄入过多，维他奶作为"天然饮品"进入了欧美市场，与可口可乐、牛奶放在同一货架上。这就是冒土气的"豆浆"在不断适应市场变化的绝好例子。

七、基于事实的决策方法

决策是通过调查研究和分析,确保质量目标并提出实现目标的方案,对可以供选择的几个方案进行优选后作出抉择的过程。有效的决策必须以充分的数据和真实的信息为基础,以客观事实为依据,往往还需要运用统计技术,分析各种数据和信息之间的逻辑关系,寻找其内在规律性,然后对实现预期质量目标的多个方案进行比较和分析,才能作出正确的抉择。

【案例】 海信成为彩电升级中的大赢家

有时对外部机会谁都说不清,企业的决策可能要冒险。几年前开始的彩电行业显像管出路的讨论,大家虽然认识到平板彩电是趋势,但究竟要多久才是主流,企业一时都难以说清楚。著名彩电企业长虹认为此过度期要约十年左右时间,结果在资源分配上重背投而轻平板。未曾料到,平板电视仅三年时间就快速成长起来,而背投产品一时辉煌却迅速衰落,长虹被迫重新调整方向将资源重点转向平板彩电。与之对比,海信较早认定了平板电视的前景,虽曾尝试背投又因某原因较早放弃背投,投全力于平板彩电,结果平板行业机会如期而至,海信成为彩电升级中的大赢家。

八、与供方互利的关系

组织与供方是相互依存的,互利的关系可增强双方创造价值的能力。

某一产品不可能由一个组织从最初的原材料开始加工直至形成最终顾客使用的产品,往往是通过多个组织分工协作来完成。组织和供方是相互依存的,互利的关系可增强双方创造价值的能力。大家应该是互利互惠的"和谐"关系,因而形成了与供方的同盟、与顾客的同盟,甚至与竞争对手的同盟。

组织的市场扩大,则为供方或合作伙伴增加了提供更多合作的机会。所以,组织与供方或合作伙伴的合作与交流是非常重要的。合作与交流必须是坦诚和明确的。合作与交流的结果是最终促使组织与供方或合作伙伴均增强了创造价值的能力,使双方都获得效益。

【案例】 "英特尔平台应用创新同盟"的成立

联想的同盟成员包括IT、微软、中关村产业联盟、TD-SCDMA联盟供应伙伴及联想移动渠道代理等营销伙伴。

英特尔公司在中国国内成立了"英特尔平台应用创新同盟"。包括国内10家电脑厂商、12家独立软件供应商及内容提供商围绕英特尔平台宣布组成联盟,以促进产业协作,致力于更多更富有创意的数字产品的开发和推广。

惠普当前的合作伙伴包括软件公司微软、甲骨文、SAP以及Siebel系统,科技公司AMD、思科以及英特尔,系统集成商Accenture和BearingPoint,以及部分海外企业,如日立、NEC和三星。此外,惠普还在寻求新的合作伙伴以在其他市场挖掘新的商机,如诺基亚和它背后的移动通信市场。

第四节 质量管理体系认证

质量认证是随着商品交换中的质量保证的要求产生和发展起来的。发展到今天，它已经成为质量监督的科学手段和有效方式。

一、质量认证的概念

1. 认证

认证是指"第三方依据程序对产品、过程或服务符合规定的要求给予书面证明（合格证明）"。

从定义上可知，认证的对象是产品、过程或服务，认证的依据是标准规定的要求，认证是第三方依一定的程序进行的活动，包括对产品进行检验、试验，对管理体系进行评审、审核，认证的证明方式是书面保证，包括合格证书和认证标注。

举例来说，对第一方（供方或卖方）生产的产品甲，第二方（需方或买方）无法判定其品质是否合格，而由第三方来判定。第三方既要对第一方负责，又要对第二方负责，不偏不倚，出具的证明要能获得双方的信任，这样的活动就叫做"认证"。这就是说，第三方的认证活动必须公开、公正、公平，才能有效。这就要求第三方必须有绝对的权力和威信，必须独立于第一方和第二方之外，必须与第一方和第二方没有经济上的利害关系，或者有同等的利害关系，或者有维护双方权益的义务和责任，才能获得双方的充分信任。

那么，这个第三方的角色应该由谁来担当呢？显然，非国家或政府莫属。由国家或政府的机关直接担任这个角色，或者由国家或政府认可的组织去担任这个角色，这样的机关或组织就叫做认证机构。

2. 质量认证

我们习惯上把认证所包含的产品质量认证和质量管理体系认证统称为"质量认证"。

产品质量认证是指依据产品标准和相应技术要求，经认证机构确认并颁发认证证书和认证标志来证明某一产品符合相应标准和相应技术要求的活动。

质量管理体系认证的认证对象是企业的质量管理体系，或者说是企业的质量保证能力。认证的根据或者说获准认证的条件，是企业的质量体系应符合 GB/T 1900 lidtISO 9001：2000 的要求。获准认证的证明方式是颁发具有认证标记的质量管理体系的认证证书。但证书和标记都不能在产品上使用。

质量管理体系认证是自愿性的。不论是产品质量认证，还是质量管理体系认证都是第三方从事的活动，确保认证的公正性。

二、质量管理体系认证程序

1. 质量认证体系的申请

1）申请人提交一份正式的应由其授权代表签署的申请书，申请书或其附件应包括：

① 申请方简况，如组织的性质、名称、地址、法律地位及有关人力和技术资源。
② 申请认证的覆盖的产品或服务范围。
③ 法人营业执照复印件，必要时提供资质证明、生产许可证复印件。
④ 咨询机构和咨询人员名单。

⑤ 最近一次国家产品质量监督检查情况。
⑥ 有产品质量体系及活动的一般信息。
⑦ 申请人同意遵守认证要求，提供评价所需要的信息。
⑧ 对拟认证体系所适用的标准及其他引用文件说明。
2) 认证中心根据申请人的需要提供有关公开文件。
3) 认证中心在收到申请方申请材料之日起，经合同评审以后30天内作出受理、不受理或改进后受理的决定，并通知委托方(受审核方)，以确保：
① 认证的各项要求规定明确，形成文件并得到理解。
② 认证中心与申请方之间在理解上的差异得到解决。
③ 对于申请方申请的认证范围，运作场所及一些特殊要求，如申请方使用的语言等，认证机构有能力实施认证。
④ 必要时认证中心要求受审核方补充材料和说明。
4) 双方签订"质量体系认证合同"。当某一特定的认证计划或认证要求需要做出解释时，由认证中心代表负责按认可机构承认的文件进行解释，并向有关方面发布。
5) 收到的信息将用于现场审核评定的准备。认证中心承诺保密并妥善保管。

2. 现场审核前的准备

1) 在现场审核前，申请方的ISO 9000标准建立的文件化质量体系，运行时间应达到3个月，至少提前2个月向认证中心提交质量手册及所需相关文件。
2) 认证中心准备组建审核组，指定专职审核员或审核组长作为正式审核的一部分进行质量手册审查、审查以后填写《质量手册审查表》通知受审核方，并保存记录。
3) 认证中心应准备在文件审查通过以后，与受审核方协商定审核日期并考虑必要的管理安排。在初次审核前，受审核方应至少提供一次内部质量审核和管理评审的实施记录。
4) 认证中心任命一个合格的审核组，确定审核组长、组成审核组代表认证中心实施现场审核。审核组应具备以下资格：
① 审核组成员由国家注册审核员担任。
② 必要时聘请专业的技术专家协助审核。

由认证中心提前通知受审核方并提醒受审核方对所指派审核员和专家是否有异议。如以上人员与受审核方可能发生利益冲突时，受审方有权要求更换人员，但必须征得认证中心的同意。

5) 认证中心正式任命审核组，编制审核计划，审核计划和日期应得到受审核方的同意，必要时在编制审核计划之前，安排初访受审核方，察看现场，了解特殊要求。

3. 现场审核

审核依据受审核方选定的认证标准，在合同确定的产品范围内审核受审核方的质量体系，主要程序为：
1) 召开首次会议。
① 介绍审核组成员及分工。
② 明确审核目的，依据文件和范围。
③ 说明审核方式，确认审核计划及需要澄清的问题。
2) 实施现场审核。收集证据对不符合项写出不符合报告单，对不符合项类型评价的原

则是：

① 严重不符合项主要指质量体系与约定的质量体系标准或文件的要求不符,造成系统性区域性严重失效的不符合或可造成严重后果的不符合,可直接导致产品质量不合格。

② 轻微的(或一般的)不符合项主要指独立的人为错误,文件偶尔未被遵守造成后果不严重,对系统不会产生重要影响的不符合等。

3) 审核组编写审核报告做出审核结论,其审核结论有三种情况：

① 没有或仅有少量的一般不符合,可建议通过认证。

② 存在多个严重不符合,短期内不可能改正,则建议不予通过认证。

③ 存在个别严重不符合,短期内可能改正,则建议推迟通过认证。

4) 向受审核方通报审核情况、结论。

5) 召开末次会议,宣读审核报告,受审方对审核结果进行确认。

6) 认证中心跟踪受审方对不符合项采取纠正措施的效果。

4. 认证批准

1) 认证中心对审核结论进行审定、批准自现场审核后一个月内最迟不超过二个月通知受审核方,并纳入认证后的监督管理。

2) 认证中心负责认证合格后注册登记颁发由认证中心总经理批准的认证证书,并在指定的出版物上公布质量体系认证注册单位名录。

公布和公告的范围包括认证合格企业名单及相应信息(产品范围、质量保证模式标准、批准日期、证书编号等)。

3) 对不能批准认证的企业,认证中心要给予正式通知,说明未能通过的理由,企业再次提出申请,至少需经6个月后才能受理。

5. 认证范围的扩大、缩小和认证标准的变更

1) 获证企业若需扩大或缩小体系认证范围时,由获证方提出书面申请,提出以扩大或缩小认证范围相应的质量手册,由合同管理部审查接受后,需扩大认证范围的签订扩大认证范围合同,需缩小认证范围的,办理原合同更改手续。现场审核时将负责审核扩大认证范围相关要素和部门、生产车间,具体实施按《质量体系认证(审核)实施与控制程序》进行。审核通过后,给予更换认证证书,证书内更改覆盖范围,注明换证日期,但证书有效期不变。

2) 获证企业需变更体系认证标准时(主要指认证标准由 GB/T 19002—1994 idtISO 9002：1994 改为 GB/T 19001—1994 idtISO 9001 或 GB/T 19003—1994 idtISO 9003：1994 改为 GB/T 19002—1994 idtISO 9002：1994)须由获证方提出书面申请,并提供与认证标准相适应的质量手册,现场审核员审核认证标准变更的要素及相关部门,具体实施按《质量体系认证(审核)实施与控制程序》进行,审核通过后给予更换认证证书,更改认证标准,注明换证日期,但证书有效期不变。

三、质量认证的实施与管理

1. 产品质量认证

(1) 产品质量认证的标准　产品质量认证标志是认证机构为证明产品符合认证标准和技术要求而设计、发布的一种专用质量标志。

产品质量认证的依据是《中华人民共和国产品质量法》、《中华人民共和国标准化法》和《中华人民共和国产品质量认证管理条例》。依据法律、法规规定,产品质量认证分为安全认证和合格认证，认证合格后，经认证机构批准，产品的生产者可以在认证合格的产品上、产品铭牌、包装物、产品说明书或者出厂合格证上使用产品质量认证标志。

企业生产产品是为了销售给用户并赢利，只有质量过硬的产品用户才会接受。通过产品质量认证有助于企业产品质量水平的提高，使企业建立健全有效完善的质量体系，为销售商和最终用户提供适当的信任，这有助于企业降低成本，增加社会效益和经济效益，树立形象，开拓市场。

（2）产品质量认证证书和标志　产品质量认证是认证机构证明产品符合相关技术规范的强制性要求或者标准的合格评定活动，即由一个公正的第三方认证机构，对工厂的产品抽样，按规定的技术规范、技术规范中的强制性要求或者标准进行检验，并对工厂的质量管理保证体系进行评审，以作出产品是否符合有关技术规范、技术规范中的强制性要求或者标准，工厂能否稳定地生产合格产品的结论。如检验或评审通过，则发给合格证书，允许在被认证的产品及其包装上使用特定的认证标志。

产品上带有认证标志，不仅可以把准确可靠的质量信息传递给用户和消费者，对企业而言，还起到质量信誉证的作用，表明该产品经过公正的第三方证明，符合规定标准。带有认证标志产品的生产企业要接受认证机构的监督复查，确保出厂的认证产品持续稳定符合规定标准要求，这样就可以起到维护消费者利益，保证消费者的安全的作用。

认证标志图案的构成，许多国家是以国家标准的代码、标准机构或国家认证机构名称的缩写字母为基础而进行艺术创作形成的。

我国已成立的产品质量认证机构都有相应的认证标志，各机构对标志的使用（包括印制、标志形式、标志颜色等）都有明确规定，获证企业使用认证标志时应遵照执行。

按照《中华人民共和国产品质量认证管理条例实施办法》的规定，根据产品的特点，产品质量认证证书的有效期为3年、4年或5年，经认证合格的产品，方可使用产品质量认证标志。因此，对获得产品认证标志的企业，有权在产品质量认证合格有效期内，在获得认证的产品上使用产品质量认证标志。在超过有效期或者未获得认证的产品上，不得使用产品质量认证标志。

产品质量认证标志，一般情况下不是必须标注的产品标识。即使是生产者获得了产品质量认证，也可以不使用。

但是，对于国家法律、行政法规和质量技术监督部门会同国务院有关部门制定的规章规定的实施安全认证强制性监督管理的产品，如电视机、电冰箱等电工产品，必须取得电工产品安全认证，并在产品上加贴安全认证标志。

（3）产品质量认证的特点

1）产品质量认证活动是专门的认证机构实施的。在我国开展产品质量认证活动的认证机构必须经过国务院认证认可监督管理部门批准，方可从事批准范围内的认证活动。

2）产品质量认证的依据是相关技术规范、相关技术规范的强制性要求或者标准。

3）我国实行强制性认证和自愿性认证相结合的制度。国家对涉及国家安全、人体健康和安全、动植物生命和健康及环境保护的产品实行强制性认证，又称3C认证，并编制了《实施强制性认证的产品目录》。列入目录内的产品须经认证合格并在标注中使用。实行自愿性认证的产品，必须符合相关技术托依法设立的认证机构进行产品认证。企业产品质量认证要看企业出产什么。

① 3C 认证。在我国,有 3C 认证,即"中国强制认证",其英文名为"China Compulsory Certification",缩写为 CCC。3C 认证的标志为"CCC",是国家认证认可监督管理委员会根据《强制性产品认证管理规定》(中华人民共和国国家质量监督检验检疫总局令第 5 号)制定的。3C 认证对涉及到的产品执行国家强制的安全认证。

② QS 认证。QS 是英文 Quality Safety 即"质量安全"的缩写。我国的食品安全市场准入制度是国家质检总局在 2002 年推出的,据介绍,该制度主要包括三方面的内容:第一,生产企业必须经过基本生产条件的审查,要有生产该产品的合格条件;第二,产品必须符合国家标准和法律法规规定的要求,是经过检验的合格产品;第三,合格产品到市场出售时,必须有 QS 标志。

③ GMP 认证。GMP 认证是世界卫生组织(WHO)对所有制药企业质量管理体系的具体要求。世界卫生组织规定,从 1992 年起出口药品必须按照 GMP 规定进行生产,药品出口必须出具 GMP 证明文件。GMP 在世界范围内已经被多数国家的政府、制药企业和医药专家一致公认为制药企业和医院制剂室进行质量管理优良的、必备的制度。

2. 质量管理体系认证

质量体系认证应该是质量管理体系认证,即 ISO 9001:2000。《质量管理体系 要求》通常用于企业建立质量管理体系并申请认证之用。它主要通过对申请认证组织的质量管理体系提出各项要求来规范组织的质量管理体系,主要分为五大模块的要求,这五大模块分别是质量管理体系、管理职责、资源管理、产品实现、测量分析和改进。其中每个模块中又分有许多分条款。ISO 9000 的作用与意义在于:

(1) 参与国际竞争,发展对外贸易的要求 目前,在国际市场上,许多重大工程项目的招标及贸易谈判中,是否按照 ISO 9000 系列标准建立企业质量体系并取得第三方认证证书,已成为投标签约的先决条件。在供需双方的贸易活动中,依据 ISO 9000 系列标准取得体系认证是获得需方信任、获取订单的前提。如果企业不尽快采取措施去适应这种国际性趋势,就会在国际贸易中处于不利地位,甚至在国内市场上也难以立足,因此,ISO 9000 系列标准的建立更进一步促使企业管理重整。

(2) 建立现代企业制度,适应市场经济发展的重要组成部分 现代企业制度是适应市场经济要求的公司法人制度。其中的管理制度则因企业和产品而异,遵循企业行为在很大程度上是市场行为的准则,强调以国际惯例为主。贯彻 ISO 9000 系列标准正是为了实现质量管理与质量保证工作的国际接轨,特别是实施以 ISO 9000 系列标准为依据的质量认证制度是国际公认的权威的国际惯例。

(3) 全面提高企业素质,强化质量管理的手段 ISO 9000 系列标准总结了世界上工业发达国家建立质量体系,开展质量管理的宝贵经验,阐述了建立适合市场需求的有效质量体系的原则、要求。实施 ISO 9000 系列标准,对提高企业员工素质以工作质量保证产品质量,开展全面质量管理,既是重要的管理手段,更是不可缺少的基础工作。

(4) 让企业深化全面质量管理 推行 ISO 9000 可最大程度地减少品质事故,提升系统管理功能,促使品质改善,降低品质成本,实现由 TQC(全面质量控制)—TQA(全面质量保证)—TQM(全面质量管理)的过程。

(5) 提升企业管理机能,提高工作效率 推行 ISO 9000 可实现品质管理标准化作业,使企业管理走上制度化的道路。推行 ISO 9000 能提升员工素质、明确管理职责、提供品质保证的客观资料，真正达到管理出效益，追求经营高业绩。

"产品质量认证"与"质量管理体系认证"对比，见表2-1。

表2-1 产品质量认证与质量管理体系认证对比表

项 目	产品质量认证	质量管理体系认证
获准认证条件	1. 产品符合技术标准要求 2. 质量管理体系符合申请的质量管理标准的要求	质量管理体系符合申请的质量管理标准的要求
证明条件	产品质量认证证书，认证标志	质量管理体系认证证书，认证机构标志
证明的使用	证书可展示，标志可直接用于产品	证书可展示，标志只能用于展示、包装
性质	自愿性或强制性	自愿性

第五节 各种认证简介

一、3C认证

3C认证是中国强制性产品认证的简称。对强制性产品认证的法律依据、实施强制性产品认证的产品范围、强制性产品认证标志的使用、强制性产品认证的监督管理等作了统一的规定。主要内容概括起来有以下几个方面：

1）按照世贸有关协议和国际通行规则，国家依法对涉及人类健康安全、动植物生命安全和健康及环境保护和公共安全的产品实行统一的强制性产品认证制度。国家认证认可监督管理委员会统一负责国家强制性产品认证制度的管理和组织实施工作。

2）国家强制性产品认证制度的主要特点是国家公布统一的目录，确定统一适用的国家标准、技术规则和实施程序，制定统一的标志标识，规定统一的收费标准。凡列入强制性产品认证目录内的产品，必须经国家指定的认证机构认证合格，取得相关证书并加施认证标志后，方能出厂、进口、销售和在经营服务场所使用。

3）根据我国入世承诺和体现国民待遇的原则，原来两种制度覆盖的产品有138种，此次公布的《目录》删去了原来列入强制性认证管理的医用超声诊断和治疗设备等16种产品，增加了建筑用安全玻璃等10种产品，实际列入《目录》的强制性认证产品共有132种。

4）国家对强制性产品认证使用统一的标志。新的国家强制性认证标志名称为"中国强制认证"，英文名称为"China Compulsory Certification"，英文缩写为"3C"。中国强制认证标志实施以后，将取代原实行的"长城"标志和"CCIB"标志。

5）国家统一确定强制性产品认证收费项目及标准。新的收费项目和收费标准的制定，将根据不以营利为目的和体现国民待遇的原则，综合考虑现行收费情况，并参照境外同类认证收费项目和收费标准。

6）强制性产品认证制度于2002年8月1日起实施，有关认证机构正式开始受理申请。原有的产品安全认证制度和进口安全质量许可制度自2003年8月1日起废止。

二、ISO 9001认证

国际标准化组织（ISO）于1979年成立了质量管理和质量保证技术委员会（TC176），负责制定质量管理和质量保证标准。ISO 9000 系列标准自 1987 年发布以来，经历了 1994 版的修改和 2000 版的修改，形成了今天的 ISO 9001：2000 系列标准。

2000 版 ISO 9000 族标准包括以下一组密切相关的质量管理体系核心标准：
1）ISO 9000《质量管理体系 基础和术语》。
2）ISO 9001《质量管理体系 要求》。
3）ISO 9004《质量管理体系 业绩改进指南》。
4）ISO 19011《质量和（或）环境管理体系审核指南》。

ISO 9000 族标准是世界上许多经济发达国家质量管理实践经验的科学总结，且适用于各种类型、不同规模和提供不同产品的组织。实施 ISO 9000 族标准，可以促进组织质量管理体系的改进和完善，对提高组织的管理水平能够起到良好的作用。

三、EMS 认证

环境管理体系（EMS）是组织整个管理体系中的一部分，用来制定和实施其环境方针，并管理其环境因素，包括为制定、实施、实现、评审和保持环境方针所需的组织机构、计划活动、职责、惯例、程序、过程和资源。ISO 14001：1996《环境管理体系 规范及使用指南》是国际标准化组织（ISO）于 1996 年正式颁布的可用于认证目的的国际标准，是 ISO 14000 系列标准的核心，它要求组织通过建立环境管理体系来达到支持环境保护、预防污染和持续改进的目标，并可通过取得第三方认证机构认证的形式，向外界证明其环境管理体系的符合性和环境管理水平。由于 ISO 14001 环境管理体系可以带来节能降耗、增强企业竞争力、赢得客户、取信于政府和公众等诸多好处，所以自发布之日起即得到了广大企业的积极响应，被视为进入国际市场的"绿色通行证"。同时，由于 ISO 14001 的推广和普及在宏观上可以起到协调经济发展与环境保护的关系、提高全民环保意识、促进节约和推动技术进步等作用，因此也受到了各国政府和民众越来越多的关注。为了更加清晰和明确 ISO 14001 标准的要求，ISO 对该标准进行了修订，并于 2004 年 11 月 15 日颁布了新版标准 ISO 14001：2004 环境管理体系要求及使用指南。

ISO 14001 标准是在当今人类社会面临严重的环境问题（如温室效应、臭氧层破坏、生物多样性的破坏、生态环境恶化、海洋污染等）的背景下产生的，是工业发达国家环境管理经验的结晶，其基本思想是引导组织按照 PDCA 的模式建立环境管理的自我约束机制，从最高领导到每个职工都以主动、自觉的精神处理好自身发展与环境保护的关系，不断改善环境绩效，进行有效的污染预防，最终实现组织的良性发展。该标准适用于任何类型与规模的组织，并适用于各种地理、文化和社会环境。

四、OHSMS 18001 认证

职业健康安全管理体系（OHSMS）是 20 世纪 80 年代后期在国际上兴起的现代安全生产管理模式，它与 ISO 9001 和 ISO 14001 等标准规定的管理体系一并被称为后工业划时代的管理方法。GB/T 28001—2001（OHSAS 18001：1999）标准是目前可用于第三方认证的唯一 OHSMS 标准，该标准为各类组织提供了结构化的运行机制，帮助组织改善安全生产管理，推动职业健康安全和持续改进。

随着工业科技的不断进步，职工的安全健康问题越来越突出，全球安全生产事故持续增长。据国际劳工组织估计，世界范围内每年约发生 2.7 亿起职业事故，200 万人死于职业事故和与工作相关的疾病，1.6 亿人遭受职业病，职工的安全健康受到严重威胁。20 世纪 90

年代后期，一些发达国家借鉴 ISO 9000 认证的成功经验开展了实施职业健康安全管理体系的活动，以保障从业人员的健康安全。1996 年英国颁布了 BS 8800《职业安全卫生管理体系指南》国际标准。以后，美国、澳大利亚、日本、挪威的一些组织制定了关于职业健康安全管理体系的指导性文件，1999 年英国标准协会（BSI）、挪威船级社（DNV）等 13 个组织提出职业健康安全评价系列（OHSAS）标准，即 OHSAS 18001《职业健康安全管理体系 规范》、OHSAS 18002《职业健康安全管理体系——OHSAS 18001 实施指南》。

改革开放以来，我国国民经济一直保持着高速增长，但作为社会发展重要标志之一的职业健康安全状况却远远滞后于经济建设的步伐。为了尽快提高我国生产安全水平，保障广大劳动人民的根本利益，促进贸易发展，符合 WTO 规则的要求，2001 年国家质检总局发布了国家标准 GB/T 28001—2001《职业健康安全管理体系规范》，该标准覆盖了 OHSAS 18001：1999 所有的技术内容，适用于任何建立职业健康安全管理体系并寻求外部机构对其职业健康安全管理体系认证的组织。

五、CQC 认证

中国质量认证中心（简称 CQC）作为我国最大的专业性认证机构，多年来一直致力于职业健康安全管理体系标准的研究和推广工作，并取得良好效果。多家知名企业在中国质量认证中心获得 OHSMS 认证证书，如上海通用汽车有限公司、北京首都国际机场股份有限公司、戴尔（中国）有限公司、哈药集团制药总厂等。该中心在全国设有 32 个评审中心，拥有 200 多名经验丰富的 OHSMS 审核员，获得中国国家认证机构认可委员会 33 个专业大类的认可，认证范围涉及纺织、建筑、机械、民航、计算机业、物业等行业，认证企业遍布全国。

CQC 针对强制性认证以外的产品类别，开展了自愿性产品认证业务（称为 CQC 标志认证），以 CQC 标志的方式表明产品符合有关质量、安全、环保、性能等标准要求，认证范围涉及 500 多种产品。旨在保护消费者人身和财产安全，维护消费者利益，提高国内企业的产品质量，增强产品在国际市场上的竞争力，也使国外企业的产品能更顺利地进入国内市场。CQC 作为中国开展认证工作较早的权威认证机构，在国际上有很高的品牌知名度，可以极大地提升获证企业的品牌形象。

CQC 是代表中国正式加入国际电工委员会电工产品合格测试与认证组织（IECEE）。CB 体系的国家认证机构（NCB），可直接颁发 12 大 209 个标准的 CB 测试证书。CQC 所颁发的 CB 测试证书被该体系 43 个国家和地区所承认。企业也可利用 CQC 的产品认证证书直接转换成国际 CB 测试证书，或利用 CB 体系内的企业认证机构颁发的 CB 测试证书转换成 CQC 的认证证书。企业在申请 3C 认证或 CQC 标志认证时，如果同时申请 CB 认证，将获得 CQC 提供的 CCC + CB 或 CQC + CB 的一体化超值服务，可大大降低成本，加快认证速度。

六、RoHS 指令

2003 年 1 月 27 日，欧盟议会和欧盟理事会通过了 2002/95/EC 指令，即"在电子电气设备中限制使用某些有害物质指令"（The Restriction of the use of Certain Hazardous Substances in Electrical and Electronic Equipment），简称 RoHS 指令。基本内容是从 2006 年 7 月 1 日起，在新投放市场的电子电气设备产品中，限制使用铅、汞、镉、六价铬、多溴联苯（PBB）和多溴二苯醚（PBDE）六种有害物质。RoHS 指令发布以后，从 2003 年 2 月 13 日起成为欧盟范围内的正式法律；2004 年 8 月 13 日以前，欧盟成员国转换成本国法律、法规；2005 年 2 月 13 日，欧盟委员会重新审核指令涵盖范围，并考虑新科技发展的因素，拟定禁用物质清单增加项目；2006年7月1日以后，欧盟市场上将正式禁止六类物质含量超标的产品进行销售。

课 后 拓 展

1. ISO 9001、ISO 9002和ISO 9003都是外部质量保证模式和认证的依据，三种模式的内容是逐次包容的关系，ISO 9001规定了20项要求，比ISO 9002多1项要求，比ISO 9003多4项要求。不能笼统地说哪一个模式的保证程度高，只能说质量保证能力不同，企业质量管理体系也在不断地改进和完善。请上网查一查最新的质量管理体系内容，可以对照自身企业的情况选择一种并完善。

2. 学习过质量管理体系相关知识后，分析下列实例。

1) 张先生一大早赶到商场门口，外面已经排起了长队，因为他们看到报纸上说："12月3日起，军人、教师、残疾人等持个人身份证明可以到指定经销商处领取KFR-23GW冷暖壁挂式空调一台，数量有限，赠完为止。"商场一开门，张先生第一个挤进去，跑到空调公司柜台一问，售货员的一声"不知道"把满怀希望的张先生打发了。售货员都不知道，但公司的广告却让全市人都知道了。于是顾客们找到经理，经理说："厂家确实有这么一个零元大行动，但是每个商场只限两台，这两台空调在前一天已经被人打电话预约送完了。"顾客大为不满地问道："商场外面为什么没有任何说明，让这么多人在大冷天里等了这么长时间，真是太不应该了。"

2) 商场服装柜台售货员小李向柜台经理反映："外面有个顾客要退20套运动服，您看怎么办？"经理皱着眉头说："我们这个月退货额已经超过商场规定了，再这样下去，大家的奖金要受影响了。要不你试试，劝他别退了，或者换成别的货抵上这笔钱。"

3. 学过质量认证知识后，上网查阅各种质量认证标志，下次在购买商品时，留意外包装上是否有相关质量认证标志；买到放心的商品，以保护自己的合法权益。

第三章

质量管理技术

▶▶▶ 第一节　全面质量管理概述

一、全面质量管理的基本思想

美国著名质量管理专家戴明曾提出：在生产过程中，造成质量问题的原因只有10%～15%来自工人，而85%～90%是企业内部在管理系统上有问题。由此可见，质量不仅仅取决于加工这一环节，也不只是局限于加工产品的工人，而是涉及企业各个部门、各类人员。所以说，质量的保证要通过全面质量管理（TQM）来实现。

在20世纪50年代初期阿曼德·V·费根鲍姆首次提出了全面质量管理（Total Quality Control，TQC）的思想。费根鲍姆提出，质量管理必须贯穿于产品寿命周期的全过程。质量管理必须开始于确认顾客的质量要求，而最终只有当产品送到顾客手中并且在使用中始终感到满意才算结束，以最终达到使顾客满意的目标。

全面质量管理理论的诞生，是质量管理发展历史中最为光辉的里程碑。随着全面质量管理理论在世界范围内的传播、应用和发展，它的思想、原理和方法对各国质量管理的理论研究和实际应用的指导价值已得到充分的证实。

全面质量管理是基于组织全员参与的一种质量管理形式。具体地说，全面质量管理就是以质量为中心，全体职工以及有关部门积极参与，把专业技术、经营管理、数理统计和思想教育结合起来，建立起产品的研究、设计、生产、服务等全过程的质量管理体系，从而有效地利用人力、物力、财力、信息等资源，以最经济的手段生产出顾客满意的产品，使全体成员及社会受益，从而使企业获得长期成功和发展。

为了推动我国企业综合业绩的提高，振兴我国的产品质量，我国的质量协会在2001年启动了评选"全国质量管理奖"的活动。它是以我国《产品质量法》和《质量振兴纲要》为依据，借鉴了美国波德里奇奖、日本戴明奖和欧洲质量组织奖等内容和做法，结合我国企业的现状，反映了现代企业质量经营的思想。在此基础上，于2004年9月正式颁布实施了《卓越绩效评价准则》（GB/T 19580—2004）。

《卓越绩效评价准则》按表3-1的要求进行综合评价。

表 3-1 卓越绩效评价准则

评分项名称	类目分值	评分项分值	评分项名称	类目分值	评分项分值
1. 领导	100		6）相关方关系		10
1）组织的领导		60	5. 过程管理	110	
2）社会责任		40	1）价值创造过程		70
2. 战略	80		2）支持过程		40
1）战略制定		40	6. 测量、分析与改进	100	
2）战略部署		40	1）组织绩效的测量与分析		30
3. 顾客与市场	90		2）信息和知识的管理		40
1）顾客和市场的了解		40	3）改进		30
2）顾客关系与顾客满意		50	7. 经营结果	400	
4. 资源	120		1）顾客与市场的结果		120
1）人力资源		40	2）财务结果		80
2）财务资源		10	3）资源结果		80
3）基础设施		20	4）过程有效性结果		70
4）信息		20	5）组织的治理和社会责任结果		50
5）技术		20			

【案例】 日本丰田公司实行全面质量管理

日本丰田公司的全面质量管理（TQM）是有口皆碑的。丰田公司通过质量来取得顾客的满意和信赖。丰田认为，没有顾客的满意和信赖，就没有丰田的明天。这样一种经营意识，体现了丰田公司的战略远见。注重质量只有理念或意识是远远不够的，还必须有一些强制机制。特别是生产系统（或者生产方式）本身应该具有对产品（包括零部件产品）质量的强制性约束机制，即强迫生产过程中的每一道工序和每一个环节必须生产出质量合格的产品，从而在产品质量形成过程中的最基本点对质量的可靠性提供保证。

丰田公司为了有效地开展全公司的质量管理，于 1963 年开始引入了方针目标管理。每年年初，丰田公司以"公司方针和目标"形式，发表公司策划和制订的公司前进指南、前进目标和实现目标的各种方法和措施，并且详细地分解为各工厂的厂长方针目标、部长方针目标等。在制订方针实施的计划书时，丰田公司也同时制订计划书实施状况的检查计划。在检查过程中，尤其要重视对各职能部门的检查。

二、全面质量管理的特点

全面质量管理的目标以"适用性"为标准。传统的质量管理以是否符合技术标准和规范为目标，即"符合性"质量标准。而全面质量管理提出一切为了用户，以是否适合用户需要，用户是否满意为最终目标，即"适用性"标准。它首先强调产品要适合用户要求，要按用户的要求来组织生产，并且要处理好产品质量满足用户要求和企业经营效益两方面的问题。全面质量管理的特点可以归纳为"四全",即全过程的质量管理、全企业的质量管理、全员参与的质量管理和全面综合运用统计质量控制的质量管理。

1. 全过程的质量管理

全过程的质量管理是指决定产品质量的不仅是生产终端的检验把关,更重要的是产品形成的全过程。只有对从市场调查、产品设计开发、采购、生产、销售及服务的各环节实行严格的质量管理,才能提高和保证产品质量。

为了保证产品质量,防止不合格品出厂或流入下道工序,加强质量检验在任何情况下都是必不可少的。强调预防为主,不断改进的思想,不仅不排斥质量检验,甚至要求其更加完善、更加科学。企业要实现全过程管理,应开展质量教育,增强质量意识,在抓好制造过程质量管理的基础上,向开发设计和销售服务两头延伸,完善质量管理体系,逐步形成全过程的质量管理。

一般来说,产品和服务设计的变化次数越多,出现质量问题的概率越大。所以,保持稳定的产品和服务设计有利于减少质量问题。但是,在现在越来越激烈的市场竞争中,如果用户的多样化需求要求不断改变设计,问题就不那么简单了。保持产品设计的稳定性和满足市场需求多样化这两者之间往往存在一定的矛盾。如何解决这一矛盾,是摆在管理人员面前的一个新课题。

【案例】 大庆油田全过程管理构建效益型设备管理模式

大庆油田是我国目前最大的油田,也是世界上为数不多的特大型砂岩油田之一。2005年底,油田公司共有主要设备86548台套,新度系数为0.39。近年来,面对设备数量多、种类多、老化严重和"点多面广战线长"的实际,大庆油田有限责任公司把设备管理作为一项重要工作来抓,确立了"以设备一生为对象,追求设备寿命周期费用最经济"的管理理念,坚持"夯实基础工作,注重经济管理,实施规范运作,强化全过程管理"的原则。在全体设备管理人员和广大员工的共同努力下,进一步降低了运营费用,提高了创效能力,使油田公司设备综合完好率、利用率分别达到97%和80%,初步构建了效益型过程设备管理模式。

公司为加强前提管理,坚持从提高设备投资效益出发,进一步优化增量资产,狠抓投资论证、采购管理和效益评估。公司成立了重大装备效益评估小组,对已实施的重大装备投资决策进行评估。根据设备实际运行情况,按逾期的各项经济、技术指标,逐项进行对比分析,查找存在的问题,对因论证不足、盲目决策造成新增设备闲置或低效的,严肃追究有关人员的责任,进一步强化了管理人员的责任心,使重大装备投资管理得到了改进和加强。几年来,该公司共对投入使用的氮气发生装置、二氧化碳压裂车组、综合录井仪、奔驰仪绞车四个重大项目进行了效益评价,起到了很好的效果。

针对公司设备实际,从保证设备安全高效运行出发,积极探索设备经济管理新途径,切实在管好、用好、修好设备上下功夫。以强化检查为重点、以状态检测为手段、以提高质量为目标。例如,公司利用自主研发的注水泵状态检测与故障诊断等系统,对注水泵进行状态检测,经过几年的努力,注水泵三保和大修比例合计下降了18%。公司开展实施绿色再造工程,以较低的投入保证设备完好运转。

油田公司不断加大技术改造力度，努力盘活存量设备，充分挖掘和发挥设备的潜能，油田公司采取灵活有效的措施，强化后期管理。2000年至2005年期间，公司投入1868万元改造资金，下大力度进行技术改造，仅打桩车进行增加钻孔功能改造，就节约费用13万元。

大庆油田有限责任公司经过长期高效开发，许多设备已超期服役，老化问题日趋严重，管理难度日益增大，这也是该公司的设备管理工作面临严峻的考验。在今后的工作中，还将进一步完善效益型全过程设备管理模式，为实现持续有效的发展不断努力。

2. 全企业的质量管理

从组织的角度来看，企业可以划分为上层、中层和基层，"全企业的质量管理"就是要求企业各个管理层次都有明确的质量管理活动内容。当然，各层次活动的侧重点不同，上层管理侧重质量决策，制订企业的质量方针、质量目标、质量政策和质量计划，并协调企业各部门、各环节、各类人员的质量管理活动，保证实现经营目标。中层管理则贯彻落实上层管理的质量决策，更好地执行各自的质量职能，并对基层工作进行具体的管理。基层管理则要求每个职工要严格地按标准、规程进行生产，相互间进行分工合作，并结合本职工作，开展合理化建议和质量管理小组活动，不断进行作业改善。

全企业质量管理的另一个必要做法是，打破公司内各个职能部门之间的界限，各个不同职能领域的管理人员共同参与产品或服务设计，这样有利于设计出更可行、更有竞争力的产品或服务方式。有时候，公司不同部门之间存在严重的壁垒，这使得产品或服务的开发、设计几乎是设计人员闭门造车的结果，企业经常是在市场竞争中遭到失败之后才认识到这一点。实际上，质量管理并不仅仅是企业所设的质量管理部门的职能，企业的质量管理职能可以说是分散在全企业的各个部门，虽然各部门的职责和在质量管理中的作用不同，但都是提高产品质量不可缺少的一部分，这就是要求加强各部门之间的协调，形成真正的全企业的管理。为了从组织上、制度上保证企业长期稳定地生产出符合规定要求和用户期望的产品，最终必须建立全企业的质量体系，这是全面质量管理深化发展的重要标志。

全企业的质量管理要求企业不能仅仅追求产品的符合标准的程度，而是应该追求广义质量的提高。这种广义质量除了产品的质量以外，还应包含过程质量、工作质量。过程质量是指过程满足顾客需求的能力。质量的形成必须经历一个过程，而此过程的每一个阶段又可看作是过程的子过程。所以，过程质量问题存在于质量形成的全过程。过程质量把握不好，最终的产品质量不可能提高。

工作质量是与质量有关的各项工作对产品质量和过程质量的保证。无论是生产过程，还是服务过程，归根结底，都是由一些相互关联的、具有不同职能和方式的具体工作所组成。由于这些工作之间的整体性，一件工作的事物可能会波及其他工作，从而导致过程质量的失控，最后影响到产品或服务的最终质量。所以，对于企业中的每一项工作，无论其整体地位和岗位分工如何，都必须认真对待，保证工作的质量。

【案例】 利用民主监督实现全企业管理

在各部门设立群众批评或建议栏，任何人有建议或批评意见均可写在栏内，可以署名也可以匿名。在大家公开民主的监督下，领导必须在限定的时间内作出响应。这对于改进企业的管理起到了很大的作用。

3. 全员参与的质量管理

产品质量是企业各方面、各部门、各环节全部工作的综合反映。企业中任何一个环节、任何一个人的工作质量都不同程度直接或间接地影响产品质量，因此，产品质量人人有责，必须把企业所有人员的积极性或创造性充分调动起来，不断提高人的素质。上至最高管理者，下至生产工人，人人关心产品质量，人人做好本职工作，全体参加质量管理活动，经过全体人员的努力，才能生产出顾客满意的产品。

要达到全员参与的效果，首先必须抓好全员的质量教育工作，加强员工的质量意识，牢固树立质量第一的思想，促进员工自觉地参加质量管理的各项活动。同时还要不断提高员工的技术素质、管理素质和政治素质，以适应深入开展全面质量管理的要求。

【案例】 西门子公司加强员工培训，促进全员参与质量管理

西门子公司有个口号叫做"自己培养自己"，这反映出公司在员工管理上的深刻见解。和世界上所有的顶级公司一样，西门子公司把人员的全面职业培训和继续教育列入了公司战略发展规划，并认真地加以实施。但他们所做的并不止于此，他们把注意力重点放在了激发员工的学习愿望，营造环境让员工承担责任并在创造性的工作中体会到成就感，同时引导员工不断地进行自我激励以便能和公司共同成长。这种理念的前提就是，经过挑选的员工绝大部分都是优秀的，而且，公司也正是因为有了这些优秀的员工而获得业绩的增长。

4. 全面方法的质量管理

随着现代科学技术的发展，顾客对产品质量的要求越来越高，影响产品质量的因素也越来越复杂，既有物的因素，又有人的因素；既有技术因素，又有管理因素；既有企业内部的因素，又有企业外部的因素。要把这一系列因素系统地控制起来，全面管好，就必须根据不同的情况，区别不同的影响因素，广泛、灵活地运用多种多样的现代管理方法来解决质量问题。

在质量管理活动中，要坚持实事求是，科学分析，尽量用数据说话，把质量管理建立在科学的基础上，这就要求进行任何活动都要遵守 PDCA 循环的工作程序。全面质量管理活动的全部过程，就是质量计划的制订和组织实现的过程，这个过程就是按照 PDCA 循环，不停顿地周而复始地运转的。这是一种科学管理的基本方法，进行任何活动都必须遵循 P——计划、D——执行、C——检查、A——总结，这一套科学的工作程序，使其不断循环、不断提高。

在质量管理活动中还要广泛地运用科学技术的新成果。诸如朱兰三步曲、数理统计技术与方法、价值分析方法、运筹学方法及质量改进工具（分层法、排列图法、因果分析图法、直方图法、控制图法、散布图法和关联图法、系统图法、KJ 法过程决策程序图法和网络图法等等）、ISO 9000 族标准方法和 6σ 管理法以及先进的检测手段、电子计算机和系统工程、价值工程等先进的科学管理方法。

【案例】 公司出一新招
——挑次品盖比赛

某公司生产的瓶盖质量直接影响饮料瓶封盖质量、产品外观等。为了稳定产品质量，要求质检人员在每小时产量 25000 只的生产线上把脏盖、变形盖、飞边盖、杂质盖等一系列次品盖挑出来。为了提高员工质量意识，了解生产一线员工和管理人员对不合格盖的反应能力，公司举行了一次别开生面的质量大比武活动。

挑次品盖比赛，在一线操作工和质量管理人员中进行，分互比和测验两个阶段。

第一阶段，预先 100 只盖子放有 32 只内螺纹细微变形、内塞发白等不影响罐装质量的细微差错的次品盖，规定在 1 分钟之内，挑出次品盖最多且准确率最高者为胜。

第二阶段的测验主要是考核大家对变形、飞边等明显次品的反应能力，1 分钟之内挑出的次品盖少于 24 只的员工将被要求在工作之余加强练习，并且将会进行再次补测。

质量大比武的过程虽然简单，却在员工中产生了深刻的影响。都说不比不知道，一比吓一跳。每个人都意识到了自己的差距。了解了自己的质检水平后，很多人产生了强烈的危机意识。在相互比较的过程中，员工的质量意识提高了，有的向优秀者讨教经验，有的在生产线上苦练本领。大家都把质量比武的压力变成了提高质量的动力，形成了一种人人苦练火眼金睛，争做质量卫士的良好氛围。

三、全面质量管理的工作原则

数十年来，在全面质量管理领域，逐步形成了一系列指导思想、原则和方向。诸如米兰的"质量螺旋理论"和"质量三部曲"、桑德霍姆的"质量循环理论"、戴明的"PDCA"循环理论、费根堡姆的"全面"质量管理理论等都推动了质量管理科学发展。

全面质量管理的工作原则如下：

1. 预防原则

企业质量管理工作中，要坚持和贯彻以预防为主的原则，必须对质量实行预先控制，防患于未然。特别是科技发达、产品复杂、大量自动化生产的今天，一旦发生质量问题，企业就会蒙受重大损失。预防为先，一是要"防止再发生"，基本程式是：问题→分析→寻因→对策→规范；二是"从开始就不允许失败"，"第一次就将工作做好"，其基本程式是：实控→预测→对策→规范。后者是根本意义上的预防。

【案例】 品质要未雨绸缪，而非亡羊补牢

现在，在生产过程中，产品质量问题重在预防、而不在纠错的观念，已经广为人们所接受，所以要求人们第一次就把事情做好。因为，如果第一次就把事情做好，那些用于纠错和其他补救工作的时间、金钱和精力就可以避免，生产成本就会大大降低，生产效率也就会大大提高。比如，在保时捷公司生产汽车的过程中，如果一个缺陷在其生产的组装现场即得到纠正的话，所花费的成本为 1 马克，那么到生产线末端才被纠正的成本估计为 10 马克，而到工厂最后的汽车调整区时才纠正成本为100马克,等到了享有担保的代销商那里时才纠正成本则为1000马克!

2. 经济原则

全面质量管理强调用经济的手段来保证和提高产品质量,我们在质量保证和预防废品发生时要讲究经济性这个条件。因为质量保证的水平和预防的深度是无止境的,其中应有一个合理的经济界限,所以,无论在质量设计或质量标准的制定时,在生产过程的质量控制中,在质量检验方式的选择上,都必须考虑到经济效益的问题。

【案例】 工程创优要讲经济效益

一些企业在总结创优工程经验时,往往会说:"创优工程好,但要多投入,要增加成本"。这种说法是把工程质量与工程成本对立起来,显然是错误的。讲成本就是讲经济效益,对企业的生存和发展都是至关重要的,搞工程创优既要不断提高工程质量,也要努力提高经济效益。至于有些创优工程确实增加了一些成本,应该分析原因、总结教训。譬如工程原材料是否符合要求、施工工艺是否合理、技术管理是否健全、操作技能是否到位等,这些都可能造成施工中的失误而导致返工、返修,增加成本。还要重视对施工图的会审,把设计中有可能出现的差错,特别是违反强制性条文的问题,在施工前予以改正,避免施工后再返工。为此,工程创优倡导"过程创优"、"一次成优",不仅可以减少施工中产生的一些质量缺陷,还可以避免因返工造成的经济损失。同时,在工程创优中要强调按图施工,提倡务实精神,不要在工程的某些部位,特别是在建筑装饰的细部处理上添枝加叶,甚至画蛇添足,避免增加不必要的工程成本。总之,工程创优要严格执行国家和行业的规范、标准,并按图施工。而在施工中,加强各项管理,积极应用新材料、新技术、新工艺,强化文明施工,开展全面发展管理和QC小组活动,还可以有效地降低工程成本,取得良好的经济效益。这些在大量的创优工程实践中都得到了证实。

3. 协作原则

全面质量管理的一个重要特点就是各级领导带头,发动全体职工参与质量管理工作,在设计、生产、销售、服务的全过程中进行质量管理。在这样复杂的管理工作中,如果没有各阶层、各部门之间相互良好的协作,企业的质量问题就无法解决。所以,强调协作是推行全面质量管理的一条重要原则。协作是大生产的必然要求。生产和管理分工越细,就越要求协作,一个具体单位的质量问题往往涉及许多部门,如无良好的协作,是很难解决的。因此,强调协作是全面质量管理的一条重要原则。

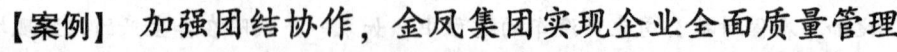

【案例】 加强团结协作,金凤集团实现企业全面质量管理

企业文化是植根于企业本身土壤的独特文化和制度,只能内部培养逐步积累。优秀的企业文化一旦形成，就能将企业的追求和社会公德、是非标准等融化在全体职工的思想和行动之中，使企业目标与个人目标达到高度契合，人人都自觉地把追求企业目标当作追求个人目标，从而，职工产生极强的向心力，企业形成极强的凝聚力。它是企业在竞争中长治久安，立于不败之地的根本保证。

2006年对金凤集团来说至关重要，随着规模的扩张，公司机构的改革，公司面临着内部运作尚未完全进入正轨，外部形势又越来越严峻的困境。要战胜困难，渡过困境，就需要以优秀的企业文化来凝聚员工的人心和力量。只要拥有一支具有很强向心力、凝聚力和战斗力的团队，拥有一批彼此间互相鼓励、支持、学习、合作的员工，天大的困难，也有信心战胜它，企业也一定能够在困境中前进、在曲折中强盛。

单靠一个人并不能编织出生活的网络。我们每一个人只不过是其中的一根线。只有将自己视为公司的一分子，以公司的利益为最高利益，团结起来才能实现公司的宏伟蓝图。团结产生力量，团结令人振奋，只有个人在奋斗的过程中与企业目标保持高度的一致性，具有"企兴我荣、企衰我耻"这一共同的奉献理念，才能心往一处想、劲往一处使，才能爱岗、敬业、爱企，才能形成坚强的团队精神。"百涓之水，汇成江海"，个人的力量是有限的，只有集合全体员工的力量和智慧，才能加快企业的发展速度，才能使企业的核心竞争力得到有效增强。

团队精神是企业文化建设的一个重要内容，而精神说白了就是一种思想。众所周知，思想支配行动、思想指导人们的行为。一个人的思想政治觉悟和道德理念对他的言行举止是起着决定性作用的，只有树立正确的人生观、世界观、价值观，才能在实际工作中真正领会"团队文化"的重大意义。要做到这些，一个途径是通过学习，一个好的团队并不是从一开始就是成功的，而是通过学习创造出惊人的成果的，团队是由一个个员工组成的，只有每位员工的思想理念都得到了提升，才能在共同的理想信念上把力量凝聚。另一个途径就是通过集体活动，大家在自然而然的氛围中就会感到我们是一个团体，离开你、离开我都不是一个完整的整体，团结产生力量，团结启迪人的智慧，团结推动生产力的发展。我们不仅要提高业务能力和丰富业余文化生活，还要借此机会加强沟通、增进理解，培养我们的团队精神，这样就能创造一个和谐的工作环境，工作起来轻松了，同事关系融洽了，团队精神自然也就得到了提升。

四、全员参与质量管理的措施

产品质量是企业活动的各个环节、各个部门全部工作的综合反映。企业中任何一个环节、任何一个人的工作质量都会不同程度地、直接或间接地影响产品质量。因此，必须把企业所有人员的积极性和创造性充分调动起来，不断提高人的素质，上自厂长，下至工人，人人关心质量问题，人人做好本职工作，才能生产出用户满意的产品。

1. 建立 QC 小组(质量控制小组)

QC 小组的概念是日本质量管理专家石川馨提出来的。QC 小组是由一些基层管理人员及一般员工组成的，能够发现、分析并最终解决生产和质量问题。一般来说，QC 小组成员都是自愿加入这一小组的讨论，研究一般都是在小组成员的业余时间内进行的。一个 QC 小组每年可能提出上百条质量改进意见。这些意见中有很多是很有价值的，也有一些可能是次要问题，有些甚至根本不可行。但是，公司管理人员对所有的这些改进意见都应给予足够的重视。因为往往众多意见中的某一条可行的建议，就可以使公司通过质量改进而提高生产率或削减成本，从而获得巨大收益。

QC 小组的工作特点是：

1）明显的自主性。QC 小组以职工自愿参加为基础，实行自主管理、自我教育、相互启发、共同提高，充分发挥小组成员的聪明才智和积极性、创造性。

2）广泛的群众性。QC 小组是吸引广大职工群众积极参与质量管理的有效组织形式，不仅包括领导人员、技术人员，而且更注意吸引在生产、服务工作第一线的操作人员参加。广大职工群众在 QC 小组活动中学技术、学管理，群策群力分析问题，解决问题。

3）高度的民主性。这不仅是指 QC 小组的组长可以是民主推选的，可以由 QC 小组成员轮流担任课题小组长，以发现和培养管理人才。同时还指在 QC 小组内部讨论问题、解决问题时，小组成员间是平等的，不分职位与技术等级高低，高度发扬民主、各抒己见、相互启发、集思广益，以保证既定目标的实现。

4）严密的科学性。QC 小组在活动中遵循科学的工作程序，步步深入地分析问题，解决问题，在活动中坚持用数据说明事实，用科学的方法来分析与解决问题，而不是凭"想当然"或个人经验。

【案例】开展 QC 小组活动，促进全员参与质量管理

鼓励员工结合起来形成组织，充分发挥群众智慧和能力，QC 小组活动的指导思想是"下道工序是上道工序的顾客，应向用户保证质量"。

小组的管理由各部的质管处负责，包括理论教育、业务指导、协调、经验交流等管理工作，并设专人负责组织发动，对 QC 小组的工作进行归口。集团对 QC 小组活动给予科学管理并在激励机制上加以保证，最大限度地提高员工的意识和积极性。

各个部、处、室、分厂的每位现场管理人员，如科长、工艺员、质管员等，都必须定点扶植 2 个以上的 QC 小组开展活动，并以此为工作业绩进行考核。小组成果的确认由各部的质管处、检验处、财务处、审核处、企划处及设备处负责相关项目的论证和执行，评选出优秀的成果。

定期按照 QC 小组活动要求以各部为单位举行小组 QC 成果发布，现场评审，部分部室的 QC 发布会还可以请相关的专家现场指导。

公司特别鼓励创新型 QC 小组的大力开展。通过参与 QC 活动，不仅提高了企业的经济效益，还大大加强了团结凝聚力。为提高企业的 QC 水平，积极参加 QC 诊断师培训。

QC 成果经一个月验证达到目标值就算是完成任务了。先在部门发表，经部门推荐可参加部门成果发表，部门至少每两个月召开一次成果发布会。并对技术、经济效益进行评价计算，检验依据的可靠性。评审工作按照国家的 QC 评审标准进行，分别评出一、二、三等 QC 成果奖，评选结果报主管领导批准。凡参加事业部成果发表被评为一、二、三等奖的成果，均颁发证书和一定的奖金给予奖励。

每年，根据实际情况及 QC 小组的活动情况，公司对优秀 QC 小组进行评选及注册认可工作，以激发 QC 小组活动的积极性。

公司员工创造和保持一个良好的参与质量管理环境,形成了员工积极参与质量管理的氛围,充分发挥员工的智慧和才能,改进了产品的质量,降低了消耗,经济效益得到了很大的提高。在历年的国家、省、部级QC成果活动中多次获奖,并连年被评为QC活动优秀企业。

2. 全员把关

TQM(全面质量管理)要求每一个人都对产品质量负有责任,及时发现质量问题,并把问题解决于发生地。也就是说,生产线上的每名员工均有责任及时发现质量问题并寻找其根源,不让任何有质量缺陷的加工件进入下一工序。在很多日本企业中,员工甚至有权利在发现质量问题时将生产线停下来。因为全面质量管理的观念之一是质量的恒定比高产出量更重要。

【案例】 不当官也可以从政

孔子认为,不当官也可以从政。这句话如果放到企业管理上去,就是不当管理者同样也可以从事企业管理,是完全正确的。现代企业管理机制强调的要点之一,就是全员参与管理。管理不只是管理者的事,也是每一位被管理者的事。管理者与被管理者,只有分工的不同,没有高低贵贱之分,没有哪个重要哪个不重要之分。

一个企业,从董事会或董事长授权总经理管理,到总经理管理各部门经理,再到各部门的下属基层管理者,再到每个员工,都有自己的管理项目和内容。连最普通的员工,他也要管理好他的设备、工具、他所涉及的工序,因此也是一种管理。实际上同样是简单的操作工,以管理者的心态去做与以被管理者的心态去做,效果是完全不同的。

当然,全员管理不是鼓励每个普通员工都成长为企业的专职管理者,那只是全员参与管理的一种必然的结果。更加重要的是全员参与管理,才能最大程度地发挥每个工人的责任感、积极性和主动性,每个人在工作中都不是被动地像机器那样,管理者叫怎么动就怎么动,而是根据管理者的要求和工作的需要,以最佳的方式投入工作。一旦发现工作中有任何异常,立刻会采取相应的纠正措施。

全面参加管理,必然使每个工人除了关心自己所担当的工作之外,还要去关心上道工序和下道工序,乃至整个产品的质量问题、效率问题、收益问题。甚至除了具体的生产问题之外,还会关心到企业的各个方面的问题,企业的管理存在什么问题?有什么可以进行改善的地方?企业的产品存在什么问题?有什么更好的主意?企业的经营方针有什么问题?领导企业的发展方向对不对?企业的生产环境、工人的劳动防护、宿舍食堂的管理、管理者的素质等等问题都可以成为每个工人发表意见参与管理的内容。

3. 质量教育

质量管理活动既是一个工作过程,也是一个教育过程,要"始于教育,终于教育"。特别在当前,质量管理正面临新的挑战,要适应新的经济环境,加强教育至关重要。质量教育内容广泛,要分层次、有针对性地进行,并加以考核。既然产品的质量决定于企业全体人员,要求全员参与质量管理,就必须不断地对全体人员进行质量教育,使他们在思想上能掌握与自己工作相适应的质量管理方法，并有高度的技术操作水平。

【案例】 神州数码重视新员工的"入模子"培训

神州数码对于企业的新员工，会旗帜鲜明的告诉他们什么该做什么不该做。公司规定所有新员工均要接受为期3~5天、全封闭的"入模子"培训，使他们了解公司过去、现在和未来，认识神州数码的企业文化，学习并体验团队合作。同时，针对进入公司一年内的新员工，神州数码还实施指导人计划，给每位新员工指定一位"师傅"。言传身教公司文化，指点提高业务能力。此外，公司还有完善的培训发展体系，除业务部门培训外，有新员工培训、素质培训、管理类等多种培训课程。

对于培训效果的评价，神州数码不仅引入了KPI（关键业绩指标）对人员进行考评，而且把考核和评价分开。考核是考察工作的结果，评价是考察管理过程及过程管理中员工的行为表现和工作能力。考核的结果与物质奖励挂钩，评价的成绩作为员工发展的指导，最终进行综合分析，判断员工适岗能力和发展潜力，其结果作为多种人事决策的依据。在此过程中，有不少新秀从考评工作中脱颖而出，担当起公司的重要职位。

▶▶▶ 第二节 现场质量管理技术基础

一、现场质量管理概述

现场质量管理又称制造过程质量管理、生产过程质量管理，是全面质量管理中一种重要的方法。它是从原材料投入到产品形成整个生产现场所进行的质量管理。由于生产现场是影响产品质量的4M1E（人、机器、材料、方法、环境）诸要素的集中点，因此，搞好现场质量管理可以确保生产现场生产出稳定和高质量的产品，使企业增加产量，降低消耗，提高经济效益。国内外许多企业应用现场质量管理这一方法，取得了稳定和提高产品的效果。

现场质量管理以生产现场为对象，以对生产现场影响产品质量的有关因素和质量行为的控制和管理为核心，通过建立有效的管理点，制定严格的现场监督、检验和评价制度以及现场信息反馈制度，进而形成强化的现场质量保证体，使整个生产过程中的工序质量处在严格的控制状态，从而确保生产现场能够稳定地生产出合格品和优质品。

在生产过程中，如果对质量不加以控制或控制不当，将会产生多种浪费，如返工、换料、等待、重复生产、重复搬运等。如果做成成品送到消费者手中再发现质量问题，损失更是惨重，如会引起投诉、返工返修、运输费用、索赔，更严重的是企业信誉下降、订单减少等，这是每家企业都会感到痛心疾首的事情。质量是制造出来的，不是检验出来的，这是大家的共识，要保证制造出好品质的产品，就必须抓好现场的质量管理。

现场质量管理指的是生产第一线的品质管理，即从材料投产直至产品完成入库的整个制造过程中所进行的品质管理。生产现场，每天都要面临不同的质量问题，如工艺原因、原材料不良、工序不良品流入、机器设备老化、作业者疏忽等，概括起来讲就是人、机、料、法、环等因素。

现场质量管理的目标,是生产符合设计要求的产品,或提供符合质量标准的服务,即保证和提高符合性质量、设计质量、标准水平、反映产品或服务的适用性水平。但是,有了正确体现用户适用性要求的设计图样和标准,并不等于就能生产出优质、合格的产品或提供优质的服务。能否经济、合理地生产出符合规定要求的优质产品和优质服务,取决于生产和服务现场,以及有关部门的技术能力和质量管理水平。

怎样才能保证现场品质管理的质量呢?

首先,必须具备前提条件,也就是实现"五样认定",即产品规格认定、材料认定、工艺认定、样板认定和试样认定。只有在这"五样"完完全全确认无误后,方可投入生产,才能保证现场品质的一致性、连贯性、吻合性和准确性。

其次,现场质量管理要求管理者和操作者树立强烈的质量意识,管理者要深刻认识"以质量求生存"的真实含义,认真解决生产现场中出现的问题,始终坚持高标准、严要求,坚持按照质量标准办事。操作者要树立"质量好是最大的节约,质量差是最大的浪费"的观念,牢固地树立质量第一、对用户负责、下工序就是用户、使用户满意的思想,树立"预防第一"、"大力消除影响质量的隐患"、"以自己出色的工作质量保证产品质量"的思想。

第三,建立健全的现场质量保证体系。它是保证生产现场制造质量稳定合格产品的关键,它可以把各环节、各工序的质量管理职能纳入一个统一的质量管理系统,形成有机整体,不断地按"计划→实施→检查→处理"(PDCA)的管理循环进行,使生产现场的质量问题做到自动发现、自动调整、自动改善、自动反馈,从而使现场质量管理工作制度化、经常化、标准化、使品质工作不断改进、不断提升、良性循环。

第四,进行良好的教育训练。有培训才有进步,员工素质参差不齐,他们的素质集中反映为责任心和工作作风。现场的许多问题,往往不是由于技术或设备达不到造成的,而是由于操作者缺乏责任心,该做的事没做好。有必要对员工进行技术培训和素质教育,以老带新、以先进带动落后,开展技术大练兵,让每位员工掌握技术要领,并能熟练掌握操作技巧,以端正的心态对待工作,从而生产出品质稳定的产品。

进行"三检制"是必不可少的。"三检制"是操作者"自检"、"互检"和专职检验员"专检"三检相结合的检验制度,这就要求我们操作员用心,专检员专心,层层把关,对待缺陷,采取"三不政策",即不接受、不制造、不传递。

除此之外还应该利用新旧 QC 七大手法,对出现的问题做好记录、统计、分析,提出解决办法,把结果公布,再向员工灌输和警戒,避免问题重复出现。采取种种预防措施,让生产顺畅,让品质良好并向更高层次发展,减少返工返修,减少客户投诉,降低生产现场质量成本,从而让经销商、消费者对公司的产品充满信心、让公司的产品更具竞争力,逐步实现"争创世界第一"的宏伟品质目标。

【案例】 **某公司的质量之路**
——**以作坊生产方式组织上亿元产值的生产**

某光学有限公司的前身是一个成立于 1958 年的街道集体小厂,主要生产玩具。1992 年之前,该公司每年的产值只有 100 万元左右,生产方式主要是作坊式的,各方面的基础都比较差。1992

年开始进入天文望远镜市场,公司的业务量有了突飞猛进的发展。1997年产值突破亿元大关,达到1.0664亿元。以作坊生产方式来组织上亿元产值的生产,其结果可想而知。由于公司的发展速度远远超过了基础管理的改善和人员素质的提高,出现了管理严重滞后于公司发展的弊端,各方面的管理都比较混乱,尤其是生产现场堆满了原材料、辅料、半成品、成品和包装材料,连走廊里两个人对面走过都要侧身,根本分不清哪里是仓库,哪里是生产现场。

该公司生产的产品几乎全部销往欧美各国,经常有外商到公司考察访问,外商对生产现场状况无不摇头叹息,他们无法相信在这样的现场能生产出高品质的产品。1997年,公司遭受了质量事故的沉重打击,损失达600多万元,企业也因此陷入了绝境。

从1999年开始,公司调整了发展战略,从抓产值、抓订单数量转变为抓管理、抓质量、抓效率、抓对客户的服务,从5S(整理、整顿、清扫、清洁、素养)入手,大力提高现场质量,以工作质量来确保产品质量。

二、现场质量管理的具体内容

制造业管理工作的大头在生产。投入最多、员工最多、出现的问题最多、处理的难度最大。很多企业都规定了机关人员定期下现场的要求,以期及时处理冒出来的问题。在现场质量管理中其所要做的主要内容有:

1. 建立质量指标控制体系

从产品技术经济指标到岗位责任制,从统计方法、考核的内容到奖惩制度都必须体现"质量第一"的思想,充实现场质量责任制内容。

2. 加强生产原料及工序的质量管理

对上道工序的来料进行检验、交接、处理过程的严格把关和对工序的控制,使之既保证来料质量,消除混料和不合格品在生产现场的发生,又可避免因原料过多而积压大量的资金,影响企业资金周转。

3. 根据生产现场的实际需要设置管理点

依靠操作人员对生产工序关键部位或关键质量特征值影响因素,进行重点控制,保证生产工序处于稳定的控制状态。

4. 做好生产现场的质量检测工作

设置生产工序自检员,制定自检和互检制度,使自检与专职检验密切结合起来,把好"第一道工序"的质量关。

5. 加强现场信息管理

随时掌握生产原料、产品质量以及工作质量的现状,进行质量状况的综合统计分析,找出影响质量的原因,分清责任,提出改进措施,防患于未然。通过以上现场质量管理工作来增强现场质量意识,强化现场质量保证能力,形成完善的现场质量保证体制。

【案例】 建立工序管理点,保障现场质量管理

建立有效的管理点是搞好现场质量管理的关键。从广义上讲,在开展质量管理中,针对问题点所要进行的运作和管理对象就是管理点,管理点所管理的特性或对象应尽可能地用数

据表示。对生产现场讲，针对工序的问题点，把关键工序和存在问题的工序的某些质量特性管起来就是工序管理点。一个工序管理点，可以是产品或零件一个关键质量特性，如性能、精度、表面粗糙度、材料中的某种元素的含量。也可以是一项工序要素，如铸造熔化的铁水温度、型砂的透气性、水份和强度、化工产品生产反应装置的温度、压力和时间等。

工序管理是在"抓主要矛盾和矛盾的主要方面"，以及管"原因"保"结果"两个基本思想指导下形成的。因而，建立工序管理点，首先必须抓住关键工序的关键质量特性，同时，还要把管"结果"（质量特性）转变成管"原因"（工序要素）。具体地讲，就是把一种产品或一种零件，应用质量分析找出关键工序的关键质量特性。其次，利用因果分析图和系统图法进行工序分析，找出影响关键质量特性的支配性工序要素，并将这些要素进行展开，直到便于管理为止。最后，对这些要素建立标准，落实责任者，进行重点管理，以此来保证产品或零件质量。例如，陕西彩色显像管厂玻璃分厂的生产全过程，是通过控制1462个工序要素来保证制品的128个质量特性。总装分厂是通过控制396个要素来保证产品的72项质量特性。

三、质量管理的常用工具简介

常用的质量管理工具有排列图(或称帕累托图)、因果分析图(或称为鱼刺图)、直方图、检查表、分层法、散布图(并结合相关分析和回归分析)及控制图，这七种工具通常称为"老七种工具"。进入20世纪80年代，以制定质量改进计划为主要对象又发展出了"新七种工具"，即关联图法、KT法、系统图法、矩阵图法、矩阵数据分析法、决策过程计划图法和箭头图法。

1. 直方图

直方图是表示数据变化情况的一种主要工具。用直方图可以比较直观地看出产品质量特性的分布状态，还可以对总体进行推断，判断其总体质量分布情况。其作用是一方面判断一批已加工的产品质量是否合格，另一方面验证工序的稳定性和为计算工序能力指数搜集有关数据。属于一种静态的、事后的工序质量控制方法。

直方图的构成由直角坐标系和若干个顺序排列的矩形组成，横坐标代表质量特征值，纵坐标代表频数。矩形底边为数据区间，矩形的高为数据相应区间的频数，如图3-1所示。

直方图的作图方法和步骤如下：

1) 收集数据，总数用 N 表示，一般 $N \geq 50$。
2) 根据数据的个数进行分组，分组数 K，K 为经验数据。
3) 计算极差并确定组距。
4) 确定组界。
5) 计算各组中心值。
6) 记录各组数据。
7) 计算各组组位。
8) 计算平均值和标准偏差。

2. 散布图法

散布图又称相关图，它是用来分析某

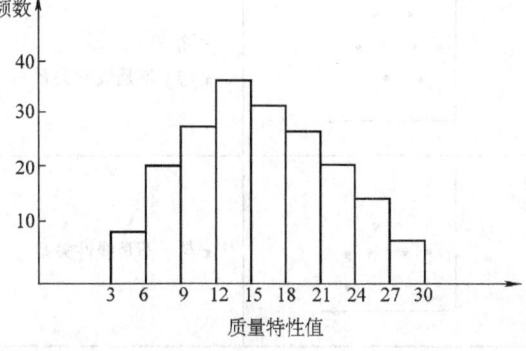

图3-1　质量特性图

质量因素特性之间相互关系及相关程度的方法。相关关系是指变量之间既存在较强的关系，但又不能用函数形式形成一一对应关系的非确定性关系。在实际生产中常可发现这样的情况，例如，热处理时工件硬度与淬火温度或冷却速度有关，加工精度与机床加工时进刀量有关，材料强度与某种元素含量有关等。这种关系虽然存在，但难以用精确的公式或函数关系来表示，在这种情况下用相关图来分析是很方便的。假定有一对变量 x 和 y，x 表示某一种影响因素，y 表示某一质量特征值，通过实验或收集到的 x 和 y 的数据可以在坐标图上用点表示出来，根据点的分布特点，就可以判断 x 和 y 的相关情况。表 3-2 表示几种典型的相关形式。

表 3-2 散布图的典型形式与说明

图 形	x 与 y 的关系	说 明
	强正相关 x 变化大时，y 也变化大	x 与 y 之间可以用直线表示。对此，一般控制住 x，y 也得到相应的控制
	强负相关 x 变化大时，y 变化小 x 变化小时，y 变化大	
	弱正相关 x 变化大时，y 大致变大	除 x 因素影响 y 外，还要考虑其他的因素（一般可进行分层处理，寻找 x 以外的因素）
	弱负相关 x 变化大时，y 大致变小	
	不相关 x 与 y 不是线性关系	
	x 与 y 不是线性关系	

散布图的作图方法和步骤如下：
1）收集数据。可通过实验来取得数据。
2）绘制坐标系并描点，从而绘出散布图。

例如，在图 3-2 所示的钢材硬度与淬火温度的相关关系图中可以看出，数据点呈线性分布，相应的直线方程为 $f(x) = a + bx$，即钢材硬度与淬火温度为线性相关，进一步分析确定常数项 a 与自变量 x 的系数 b，就可得出其数量关系。

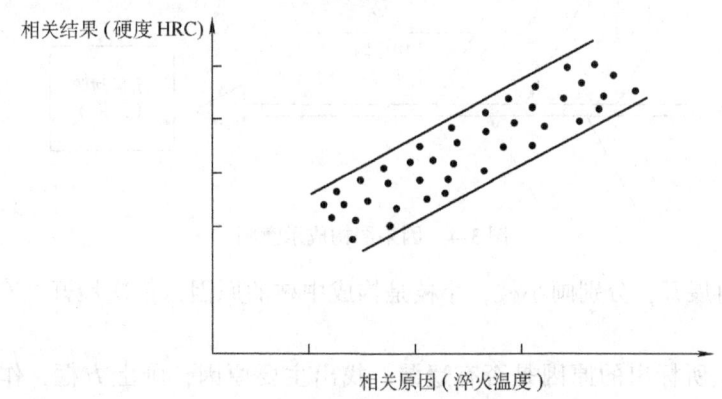

图 3-2　钢材硬度与淬火温度的散布图

3. 排列图法

排列图又称为帕累托图，排列图是分析和寻找影响质量主要因素的一种工具，其形式如图 3-3 所示。图中的左边纵坐标表示频数（如件数、金额等），右边纵坐标表示频率（以百分比表示），图中的折线表示积累频率。横坐标表示影响质量的各项因素，按影响程度的大小（即出现频数多少）从左向右排列。通过对排列图的观察分析，可抓住影响质量的主要因素。这种方法实际上不仅在质量管理中，在其他许多管理工作中，例如在库存管理中，都是十分有用的。

4. 因果分析图

因果分析图法简称因果图法，也称鱼刺图或特性要因图，是一种用于分析质量问题产生的具体原因的图示化方法。在实际设计、生产和各项工作中，常常出现质量问题，为了解决这些问题，就需要查找原因，考察对策，采取措施，解决问题。然而影响质量的因素是多种多样的。只有真正找到质量问题的主要原因，才能针对这种原因采取措施，使质量问题得到迅速解决。

因果图由箭线构成，如图 3-4 所示，主干箭线箭头指质量问题，主干上的大枝表示大原因，中枝、小枝、细枝等表示原因的依次展开。

因果图的作图步骤如下：
1）确定待分析的质量问题，将其写在右侧的方框内，画出主干箭线，箭头指向右端，

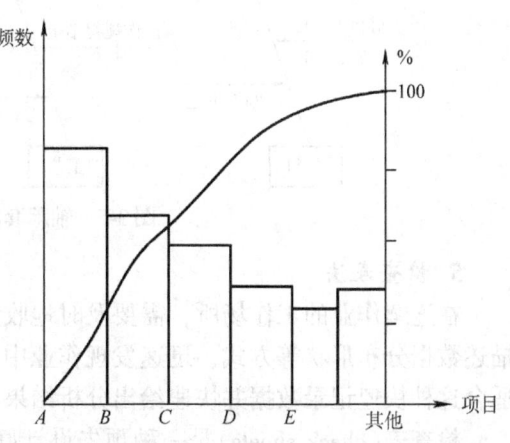

图 3-3　排列图的构成

如图 3-4 所示。

2）确定该问题中影响质量原因的分类方法。一般分析工序质量问题常按 4M1E 等进行分类，也可按加工工序分类。

3）将分类项目分别展开，每个中枝平行于主干，箭头指向大枝，将原因记在中枝下方。

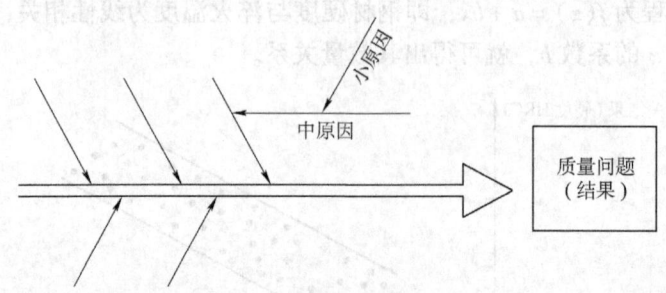

图 3-4　因果图构成示意图

4）将原因再展开，分别画小枝，小枝是构成中枝的原因，依次展开，直至细到能采取措施为止。

5）分析图上所标出的原因是否有遗漏，找出主要原因，画上方框，作为质量改进的重点。

6）注明因果图的名称、绘图者、绘图时间、参加分析人员等。

轴承套内径超差因果分析图如图 3-5 所示。

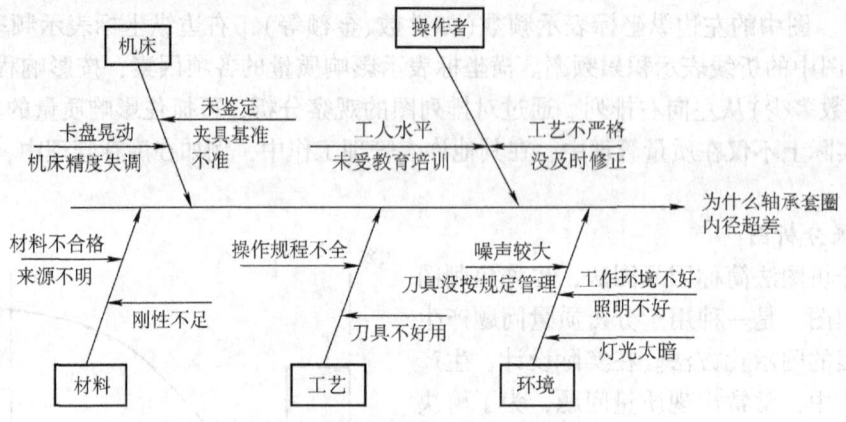

图 3-5　轴承套内径超差因果分析图

5. 检查表法

在连续作业的工作场所，需要及时地收集和记录信息，并通过简单的求和、求平均值或描述数据分布形状等方式，迅速发现作业中的质量缺陷，以便及时采取措施消除质量缺陷。适合这种快速记录数据并快速给出分析结果的有效方法之一是检查表法。

检查表（check sheets）是一种预先设计好的具有特定格式的表格，它一般是表格或图形形式，也可以是二者兼有的形式。检查表主要用于寻找原因、检验质量改进或问题解决的效果，表 3-3 是其中的格式之一。这种方法虽然较简单，但实用有效。

表 3-3 检查分析表

项 目	统 计	频 数	排 序
A	////	4	3
B	//// //// //	10	1
C	//	2	4
D	//// //	6	2
合计		22	

检查表的应用步骤如下：

1）明确目标。思考和搞清你到底是要"调查缺陷的细节"，还是要"确定疵点出现的位置"，或者是要"确定质量水平的分布"等。

2）选择检查表的类型。

3）确定要检查的个项。需要注意的是，一般检查各项的分类和定义不要过细、过窄，这样出现的频率太低，使得观察样本太小，不足以得出可靠的分析结果。

4）设计检查表的格式。

5）用特定的符号记录数据。

6）对检查表的信息进行分析。

例如，某工厂为了调查曲轴生产中出现的各种不良品原因，以及各种不良品的比率有多大，以便在技术上和管理上采取改进措施，并加以控制，采用了表 3-4 不良项目调查表。

表 3-4 曲轴加工不良项目调查表

	年 月 日		
工厂名			
工序	最终检验	部门	制造部
不合格种类		检验员	
检查总数	2530	批号	02-8-6
备注	全数检验	合同号	02-5-3
不合格种类	检查结果		小计
表面缺陷	正正正正正一		36
砂眼	正正正		20
加工不合格	正正正正正正正一		46
形状不合格	正		5
其他	正正		10
	总计		117

6. 分层法

在生产过程中，有许多影响质量的因素往往纠缠在一起对产品质量发生影响。为了找到产生质量问题的原因，就必须把这些因素按不同的特征将其分离出来。分层法是指将数据依据使用目的，按其性质、来源、影响因素等进行分类，把性质相同、在同一生产条件下收集到的质量特征数据归并在一起的方法。

分层法可以按不同的时间、操作人员、使用设备、操作方法、原材料等分。

在分层时要注意，分层要结合生产实际进行，同时要与收集数据的目的性紧密相联，目的不同，分层的方法和粗细程度不同。供领导决策用，宜粗不宜细，供现场控制用则宜细不宜粗。分层要合理，要按不同的层次进行组合分层，以便使问题暴露得更清。分层法经常同质量管理中的其他方法一起使用，如将数据分层之后再进行加工整理分层排列图、分层直方图、分层控制图、分层散布图等。

【案例】 某柴油机装配车间采用分层法进行原因分析

某柴油机装配中经常发生气缸垫漏气现象，为解决这一问题，对该工序进行现场统计。

(1) 统计数据 $n=50$，漏气数 $f=19$。则漏气率 $P=\dfrac{f}{n}=38\%$

(2) 分析原因　通过分析，认为造成漏气有两原因：一是该工序涂密封剂的工人 A、B、C 等三人的操作方法有差异；另外气缸垫分别由甲、乙两厂供应，原材料有差异。因此，采用分层法列表进行分析：

工人	漏气	不漏气	漏气率(%)	原料来源	漏气	不漏气	漏气率(%)
A	6	13	32	甲厂	9	14	39
B	3	9	25	乙厂	14	17	45
C	10	9	53				
合计	19	31	38	合计	23	31	

7. 控制图

控制图又称管理图，如图 3-6 所示。它是一种有控制界限的图，用来区分引起质量波动的原因是偶然的还是系统的，可以提供系统原因存在的信息，从而判断生产过程是否处于受控状态。控制图按其用途可以分为两类，一类是供分析用的控制图，用控制图分析生产过程中有关质量特性值的变化情况，看工序是否处于稳定受控状态；另一类是供管理用的控制图，主要用于发现生产过程是否出现了异常情况，以预防产生不合格品。

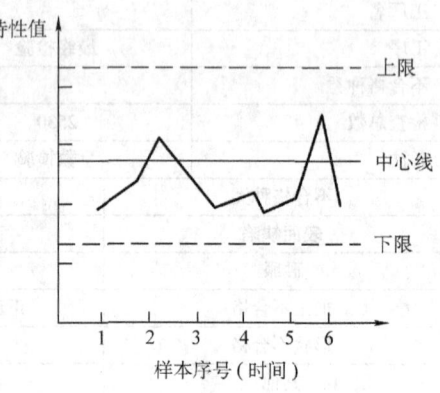

图 3-6　控制图

【案例】 日升电子质量之路

日升电子厂是香港津普发展有限公司在深圳市的生产制造基地，1990 年建厂时员工仅几百人，以生产游戏机手柄为主，属于来料加工型企业，现已发展成为一家生产多功能遥控器、智能游戏机、电子灯管、数字电子琴以及多媒体音箱专业 OEM 生产厂家，员工约 3000 人，并成为 OHM、ROLAND、YAMAHA 和 HASBRO 等著名公司的商业合作伙伴。公司产值亦达到四亿之多，其产品中电子灯全部销往日本市场，其他产品销往日本和欧美市场。

随着外部市场环境的日益变化，公司管理层认识到质量在市场中的重要性，经过全公司的努力，该企业产品平均合格率由 1996 年底的 95% 上升到 2003 年的 99% 以上。日升电子厂在围绕全面开展质量管理活动和促进自身企业发展的目标上大胆尝试，根据生产需要走出了一条带有自身特色的发展之路，并收到较好的效果。

1. 质量不是靠检查出来的

在 1997 年前，企业一直以"质量最高，成本最低"为质量方针；1997 年后改成以"质量好，效率高，客户满意为目标"的质量方针，追求达到最终客户满意的目标。在产品设计阶段，充分考虑生产部门、供应商的意见，通过改良产品设计来降低生产失误率，提高产品成品率。

2. 建立与供方互利的关系

公司改变过去"反复挑选，不断淘汰供方"的管理模式，而是和供方建立长期共存、互利互惠的关系。为了建立与供方长期合作的关系，公司成立了供应管理小组，形成了一整套合格供方的管理制度。对于重要的合格供方，组织在战略决策、生产经营等各个环节充分考虑他们的利益，并使其质量管理水平基本和日升一致。

3. 下一工序是上一工序的顾客

公司实施全员参与的全面质量管理，从领导者到每个普通员工，都有各自的质量职责——管理者、领导者为员工搭建舞台，为员工的发展创造条件，各级员工对下一级负责。

4. 实施数据化、信息化管理

公司管理层在 2001 年底开始全面实施数据化、信息化管理，通过各种质量管理分析方法，寻找改善机会，结果提高了产品质量，大大降低了质量成本。现在，日升人知道，作为一名好的管理者，首先要具备利用信息进行决策的能力。通过信息化管理，公司已和客户实现数据资源共享，极大地增加了质量改善的压力。

▶▶▶ 第三节　6σ 管理知识

一、6σ 管理的起源与发展

20 世纪 80 年代以来，随着人们对产品质量要求的不断提高，全球市场竞争的日益激烈，在客观上要求企业必须提高产品质量和管理效益，以保持在激烈的市场竞争中的优势地位。6σ 管理就是在这样的背景下产生的。

在 20 世纪 70 年代，美国受到日本产品的巨大冲击，全美国在惊呼：美国，你怎么啦（American, what went wrong）！日本的产品以优异的质量和低廉的价格不断击败美国产品，这包括摩托罗拉公司。当日本松下公司买下摩托罗拉公司电视机业务后，使用相同的美国工人，只是适度进行设备的改进，竟然使过程的缺陷率由 15% 降低到 4%。事实使摩托罗拉公司认识到，关键是产品质量问题。摩托罗拉公司认识到自己的产品质量落后于日本产品，决定大力改进质量。为此，专门聘请了朱兰等著名专家指导质量改进，包括用实验设计和统计过程控制等方法解决质量问题。到 1986 年，公司通过投资 22 万美元而节省了 640 万美元，同时，还使其业绩、顾客满意度、员工士气等方面得到大幅度提高。在此基础上摩托罗拉公司提出了六西格玛管理的概念，并获得了首届美国国家质量奖——马尔可姆·波德奇奖。

20世纪90年代开始，GE、柯达、Allied Signal等美国各大公司也开始实施6σ管理，随后相继获得了显著的效益。在摩托罗拉公司和GE等大公司推行6σ管理并取得立竿见影的效果后，6σ管理模式立即引起了世界各国的高度关注。近年来，实施6σ管理的企业队伍如雨后春笋般地不断壮大，呈现一派欣欣向荣的局面。从电子工业起步，现在已经走进了普通制造业、航空业、化工业、冶金业，乃至银行、保险等服务行业以及电子商务领域。强劲的发展趋势跨越了国界，走向了世界。从美国延伸到了德国、韩国、中国和印度等。短短的几年中，已显示出了巨大的魅力。

二、6σ的含义

6σ不单是一种质量目标，而是一套系统的业务改进方法体系，目的是持续改进企业业务流程，实现客户满意的管理方法。6σ管理的本质是通过减少波动，不断创新，以实现顾客满意和最大效益的系统科学，是一种寻求同时增加顾客满意和组织经济增长的经营战略途径，它不是单纯的技术方法，而是全新的管理模式。它证明了在制造任何产品时，高质量和低成本是完全可以相容的。

6σ管理是一种管理方法，它使企业由原来的忙于"救火"转向积极主动的"预防"，它是一种"客户驱动"的、旨在持续改进以达到客户满意的管理模式。6σ管理从企业战略层面上寻找问题，帮助企业找到短期利益与长期利益的平衡点，通过跨职能团队合作，采用科学方法实现的持续改进。总之，6σ已经成为一种理念、文化和方法体系的集成，其含义就是客户驱动下的持续改进，它不仅仅是一种质量改进模式，而且是企业系统的业务改进模式。

【案例】 企业应用6σ质量控制实现产品零缺陷

假设某生产流程的产出服从正态分布，在一定的规格界限（设计值+公差）之下，如果企业实现了±3σ质量控制，按±3σ（即3倍标准差）的定义，意味着将有99.73%的产出的实际规格落在规格界限以内，即此时的产品合格率为99.73%，缺陷率0.27%。换句话说，每百万个产品中有2700个产品为不合格品。如果企业认为这种缺陷率太高，可以考虑的一种思路是，在原规格界限不变的前提下，让实际产出的变动减小，就会有更多的产品落在规格界限之内，从而使合格品更多。如果产出的变动能够减少到这样一个水平，即产品实际规格落在±3σ范围内的间隔正好是规格界限间隔的一半，则±6σ范围内的产品仍然处于规格界限之内。这样±6σ以内的产品都是合格品，此时每百万个产品中的缺陷数只有大约2个。换句话说，如果一个产品的实际产出能够实现6σ质量控制，产品几乎是零缺陷，这无疑对生产者还是消费者都是非常有益的。

三、6σ管理的基本原理及原则

1. 6σ管理的基本原理

6σ管理的核心是将所有的工作作为一种流程，采用量化的方法分析流程中影响质量的因素，找出关键的因素加以改进，从而将资源的浪费降至最少，同时提高顾客满意度。也就是说,6σ 管理通过实施项目改进,在提高顾客满意的同时降低经营成本,通过核心业务能力的提高而提升企业的盈利能力。6σ 管理的基本原理见表 3-5。

表 3-5 6σ 管理的基本原理表

6σ 管理	满足顾客要求的产品质量特性	合适的价格	更高的收益	更好的效益
		更高的顾客忠诚度		
		更高的市场份额		
	最低的缺陷率和不合格率/很高的顾客满意率	改进流程	更低的成本	
		缩短周期		
		降低劣质成本		
		降低废品率和返工率		

2. 6σ 管理的基本原则

(1) 以顾客为关注焦点　在 6σ 管理中,以关注顾客最为重要,强调从"了解你的顾客"开始。

(2) 据事实进行决策　"用数据说话"这是 6σ 管理理念和原则的一个突出的特点,在 6σ 管理中,大量运用统计技术,通过对数据做出正确的统计推断来帮助我们准确地找到产生问题的根本原因。

(3) 流程的关注、管理和改进　无论把重点放在产品和服务的设计、业绩的测量、效率和顾客满意的提高上,还是把重点放在业务经营上,6σ 管理都把过程视为成功的关键载体。过程改进与再造,使过程的产出与顾客要求之间的偏差最小,这不但可以极大地提高顾客的满意程度,而且可以大量地减少由于补救缺陷等引起的成本和生产周期的浪费。

(4) 主动性的管理　6σ 管理主张在问题发生之前采取积极措施防止问题的发生,而不是事后救火式的处理和被动应付。6σ 管理将综合利用各种工具和方法,以动态、积极、预防性的管理风格取代被动应付的管理习惯。

(5) 无边界合作　推行 6σ 管理,需要加强自上而下和跨部门的团队工作,改善公司内部的协作,并与供应商、顾客密切合作,达到共同为顾客创造价值的目的。

(6) 追求完美,容忍失败　组织不断追求卓越的业绩,勇于设定 6σ 的质量目标,并在运营中全力实践。但在追求完美的过程中,容忍失败的文化氛围。

四、6σ 活动的实施方法

6σ 不仅是一种理念,而且有一套严密的实现方法和组织架构作为支撑。6σ 实现方法可以概括为 DMAIC(Define-Measure-Analyze-Improve-Control)循环和必要的统计分析工具。其中统计分析工具与"QC 七种工具"基本一样,但在 6σ 中,强调这些工具应该通过 DMAIC 循环以一种系统的模式被应用。这种模式是在 PDCA 循环基础上提出的,包括确定、测量、分析、改进和控制五个步骤。

1. 界定(Define)阶段

首先要倾听顾客的需求,识别并确定顾客的关键需求。注意,这里的"顾客"包括内部顾客和外部顾客。然后找出并确认需要改进的产品或过程,使之有利于实现组织目标,获得最大利润。

(1) 确认业务机会　确认业务机会的目标就是要找到与业务战略一致并对其具有关键影响的改进项目。项目的选择确定从问题陈述开始，在问题陈述时，应注意尽量做到清晰简洁并有针对性。

(2) 过程的分析及其书面化　通过对过程的分析，确定业务的核心过程与辅助过程，然后针对团队的目标，起草自上而下的流程图和跨职能流程图。

(3) 确定顾客的需求　关注顾客是6σ管理成功实施的重要因素之一。要倾听顾客的需求和期望，并通过顾客需求分析将其化为"顾客关键需求"（Critical Customer Requirement，CCR）

2. 测量（Measure）阶段

完成界定阶段的工作后，就要开始测量与评估现有过程。这个阶段需要描述过程、测量业绩并将过程文件化。进行计划数据的收集，验证测量系统后，开始测量过程能力，以达到识别产品特性和过程参数，了解过程并测量其性能的目的。

(1) 确定测评的内容　通过业绩测评，确定目前实现的顾客价值，测评对象包括输入指标、过程指标及输出指标。

(2) 管理测评工作　确定测评内容后，通过管理测评工作制定高性价比、卓有成效的方针和方法，确保业绩测评采集到准备的数据。此项工作主要步骤有规定作业定义，制定测评计划，收集数据，展示和评价数据。

(3) 认识变异　变异存在于所有的过程中，它的存在将导致产品缺陷的产生。通过分析变异，可以了解当前的过程水平以及为减少变异应做哪些改进。

(4) 评估测评系统　所有采集的数据都要经过测量得到，因此测量系统是否符合要求直接影响数据的准确与否。

(5) 确定过程业绩　确定过程业绩是为了记录业绩基准，为项目提供指导方向，对比过程前后的业绩水平。

3. 分析（Analyze）阶段

这个阶段需要对测量阶段得到的数据进行收集和分析，并在分析的基础上找出关键产品特性的影响因素，提出并验证因素与关键产品特性之间因果关系的假设。这一阶段应完成的主要任务是把握要改进的问题，并找出改进的切入点，即关键过程参数，测量分析见表3-6。

表3-6　测量分析表

测量分析	收集并分析数据	对数据进行审核
		制订数据收集计划
		数据分析处理
	提出并验证关于因素与关键品特性之间的因果关系	了解被动因素
		运用因果图进行整理
		分析验证
	确定关键因素	确定关键因素
		实验设计
		回归分析

4. 改进（Improve）阶段

以上分析可以得到问题的不同改进方案。该阶段的任务就是从中选择出相对最优方案并实施。在改进阶段常用的改进工具与方法有试验设计、田口方法、测量系统分析、FMEA、防错设计、PDCA、知识管理、检查表、过程能力分析等。

5. 控制(Control)阶段

控制阶段是项目团队通过制度化、标准化来保持已取得的成效的重要步骤。完成改进后，下一步要持续地监控过程的实施情况。

本阶段的具体内容有建立和执行试运行计划、计划并实施解决方案、过程控制与过程能力、过程整合、结束与表彰。

【案例】 宝钢股份推进6σ精益运营

推进6σ精益运营是宝钢股份进一步提升管理水平的需要，是宝钢管理发展的必然要求。经过近三年的强势、持续、扎实有效的推进和实践，宝钢股份已开始形成一种基于事实和数据决策、持续改进、追求卓越的企业文化氛围和现场管理新模式。6σ精益培训和项目实践已成为宝钢股份发现人才、培养人才的一条有效途径。

2002年，宝钢股份率先在热轧厂进行精益生产试点。2003年，宝钢股份将6σ精益运营有机融合，并在各生产厂全面推进。2004年，宝钢股份加大了培训教材的编写工作。经过资深黑带以及宝钢教培中心教师的共同努力，先后编写了黑带教材五本、绿带教材二本、幻灯片3724张，形成了具有自主知识产权的带级培训教材。同时，宝钢股份开展了精益6σ运营各类培训和辅导工作，自主实施比例达84%。

在推进6σ精益运营过程中，宝钢股份注重将人才培养与项目推进相结合，并取得实效。两年来，宝钢股份共实施6σ精益运营改善项目165个，先后有172名倡导人、134名黑带(包括资深黑带16名)及201名绿带在项目实施中得到锻炼。2004年，宝钢股份首次组织了部分首席工程师的黑带培训，共有七位首席工程师接受培训，实施了七个黑带项目，培养了一批人才。

课 后 拓 展

1. 学习过全面质量管理相关知识后，联系自己所在集体，从现在起注意自身在集体中的积极作用，并关注每个成员的重要作用。

2. 检查一下我们实习实践的场所，是否存在以下现象，它所造成的后果是什么，应采取什么措施？

1) 作业流程不畅，搬运距离过长且通道被阻；
2) 工装夹具随地乱放；
3) 物品堆放杂乱，良品与不良品混杂，成品与半成品很难区分；
4) 私人物品随意摆放，员工频繁走动；
5) 机器设备保养不良，故障多；
6) 地面脏污，设施破旧，灯光灰暗；
7) 物品因没有标识而时常误送误用；
8) 管理气氛紧张，员工无所适从。

第四章

质量控制技术

第一节 质量控制基础知识

一、质量控制的基础理论

1. 质量控制

质量控制是质量管理的一部分,是致力于满足质量要求的活动。企业实施质量控制的目标是确保产品质量能满足企业自身、顾客及社会三方面所提出的要求。质量控制的范围涉及产品质量形成的全过程,其目的是通过一系列作业技术和活动对全过程影响质量的方面进行控制,并排除会使产品质量受到损害而不能满足质量要求的各项原因,以减少经济损失,取得经济效益。

2. 质量保证

质量保证是质量管理的一部分,是致力于满足要求并得到信任的活动。质量保证与质量控制是相互关联的。质量保证以质量控制为基础,进一步引申到提供"信任"的目的。从目的出发,企业的质量保证分为内部质量保证和外部质量保证。

(1) 内部质量保证 在企业内部,质量保证的主要目的是向企业最高管理者提供信任,即企业最高管理者确信本企业的产品能满足质量要求。为此,企业中有一部分管理人员专门从事监督、验证和质量审核活动,以便及时发现质量控制中的薄弱环节,提出改进措施,促使质量控制能更有效地实施,从而使企业最高管理者"放心"。但是,随着人们对质量问题认识的进一步深化,我们不难发现,企业最高管理者也有向全体员工提供信任的必要,这是建立全体员工对于企业质量管理的信心的重要活动。因此,内部质量保证是企业最高管理者实施质量活动的一种重要管理手段。

(2) 外部质量保证 在合同或其他外部条件下,质量保证是向顾客或第三方提供信任,也就是顾客或第三方确信本企业已建立完善的质量管理体系,对合同产品有一整套完善的质量控制方案、办法,有信心相信本企业提供的产品能达到合同所规定的质量要求。因此,企业质量保证的主要工作是要促使完善质量控制活动,以便准备好客观证据,并根据顾客的要求,有计划、有步骤地开展提供证据的活动。

3. 戴明的质量管理理论

戴明是美国最为著名的质量管理专家,以帮助日本的质量改善而闻名全球。戴明总结出了 14 条质量管理原则。他认为一个公司要想使其产品达到规定的质量水平,必须遵循这些原则。他的主要观点是,引起效率低下和不良质量的原因在于公司的管理系统而不在职员。

部门经理的责任就是要不断调整管理系统以取得预期的效果。除了这14条原则之外，戴明还强调了减少质量波动(与一定标准之间的偏差)的必要性。要减少质量波动，就需要辨别引起波动的特殊原因(即可纠正的原因)和共同原因(即随机原因)。

4. 田口方法理论

日本著名质量管理专家田口玄一博士于20世纪70年代创造了田口方法(田口称之为质量工程学)，他把数理统计、工程技术和经济学结合起来，应用于质量管理中，此方法得到了日本、美国等国家的广泛关注。田口最有名的贡献是建立了田口函数。这一函数的重要特征就是一个决定不良质量损失的公式。公式的含义是与标准相比较，某一部件的偏差会引起一定的损失。而且把与标准相比较，所有部件的偏差造成的影响加起来将会引起很大的影响。田口的方法帮助福特汽车公司通过减少变速器的误差，降低担保损失，从而赢得了一定的声誉。

质量控制是一项对知识要求极高的工作。说它要求高，并不是其高深莫测，而是因为它的知识十分专业，既需要与质量有关的知识，同时又要有生产领域内的知识，还必须有统计学、数学方法的知识。因此，要做好企业的质量控制工作，就必须深入了解质量控制的基本理论，把握世界质量控制的发展趋势，了解本行业的最新质量标准。

【案例】 中小企业更加应关注质量控制

中小企业是推动国民经济发展、构造市场经济主体、促进社会稳定的基础力量。中小企业在国民经济中占有十分重要的地位。

人是企业最重要的资源，也是重要的质量控制因素。中小企业经营活动单一，经营规模小，人员配置不可能像大型企业那样做到专业对口、各司其职，往往一人身兼两职甚至数职，造成岗位设置缺乏牵制性。例如，有的中小企业技术管理和质量管理是同一人，而一些从事质量管理的员工根本不具备从业资格，靠人情关系或者领导对质量控制的片面理解从事质量控制工作，这些人只凭长官意志或经验、感性理解办事，标准、准则、质量制度懂得不多。

人员专业素质、质量控制理解程度参差不齐，质量控制失效在所难免。中小企业管理中，无论是正规的体系认证培训还是内部管理培训，关于质量控制的内容都很繁琐而缺乏针对性，强调体系、理论而缺少操作性。有些质量管理人员虽然具有一定的业务水平或经验，但由于忽视对新的业务知识及新标准的学习，在实施过程中会陷入误区或错误当中。例如，有的中小企业质量标准不"标准"，缺乏操作性或无法执行。这无疑给质量控制的流于形式或使员工产生怀疑甚至否定提供了条件。

质量控制需要全民参与，在中小企业的发展过程中，不能都是老总说了算，不能大小事务都需要经过老总批准或过问，下属工作一般都是被动接受，老总说什么员工做什么，老总喜欢什么员工就迎合什么。集权统治下的臣民都是乖顺的，慢慢也就缺乏了自己的个性，变得没有了自我。渐渐地形成了一种唯老板命是从的文化氛围，大家的努力都是围着老板的喜好转，讨老板欢心成了最高原则。而质量控制要求的是一种全局观念，很多时候需要员工有自己的原则立场，要敢于坚持，敢于对一些标准或规则之外的要求与作为说不。质量控制涉及到公司的方方面面，大到公司的战略规划、远景架构，小到各个环节、各个工序、各个岗位、各个部件的一些非常细节非常具体的方面，质量控制可谓无所不在、无时不在，因此必然需要全民参与，也必然需要企业"立法"建立质量控制的标准、程序，需要贯彻落实，需要监督检验反馈与总结提升。这种要求和客观现实需要与中小企业长期以来的工作习惯、文化氛围又是冲突的，甚至是格格不入的，这也给质量控制的加强提出了挑战。

二、工序质量控制

1. 工序质量和工序质量控制的概念

工序是产品、零部件制造过程的基本环节，也是质量检验的基本环节。我们所讲的一道工序，是指一个或一组作业工人在一个工作地对一个或若干个劳动对象（产品或零件）进行物理和化学变化的过程。

工序的划分主要取决于生产技术的客观要求，同时也取决于劳动分工和提高劳动生产率的要求。尽管相同的产品具有典型的工艺流程，但由于生产类型不同，条件不同，工序的划分也不尽相同。

工序质量是指工序过程的质量。工序质量的高低反映工序的成果符合设计、工艺要求的程度，即工艺符合性质量。工序质量高，说明这道工序成果的合格率高，产品是由零件组成的，而零件又是由若干道工序加工而成的。因此，工序的质量将最终决定产品的制造质量。

工序质量控制就是对工序活动条件，即工序活动投入的质量和工序活动效果的质量及分项工程质量的控制。在进行工序质量控制时要着重于以下几方面的工作：

1）确定工序质量控制工作计划。一方面要求对不同的工序活动制定专门的保证质量的技术措施，作出物料投入及活动顺序的专门规定；另一方面须规定质量控制工作流程、质量检验制度等。

2）主动控制工序活动条件的质量。工序活动条件主要指影响质量的五大因素，即人、材料、机械设备、方法和环境。

3）及时检验工序活动效果的质量。实行班组自检、互检、上下道工序交接检，特别是对隐蔽工程和分项（部）工程的质量检验。

4）设置工序质量控制点（工序管理点），实行重点控制。工序质量控制点是针对影响质量的关键部位或薄弱环节而确定的重点控制对象。正确设置控制点并严格实施是进行工序质量控制的重点。

2. 工序质量控制的理论基础

实行工序质量控制是生产过程中质量管理的重要任务之一，工序质量控制可以确保生产过程处于稳定状态，预防次品的发生。工序质量控制的统计方法主要有直方图法和控制图法。工序质量控制的理论基础可以表述如下：

（1）质量的波动　在生产过程中，无论工艺条件多么一致，生产出来的产品的质量特性绝不可能完全一致，这就是所谓的质量波动。产品质量特性的波动分为正常波动和异常波动。

正常波动在每个工序中都是经常发生的。引起正常波动的影响因素很多，如机器的微小振动、原材料的微小差异等。在工序中，尽管对单个产品的观察结果不尽相同，但从总体上看，其波动趋势是可以预料的，可以用某种统计分布来进行描述。

工序中的异常波动是由某种特定原因引起的，如机器磨损、误操作等都可导致异常波动。

当工序只存在正常波动时，我们说工序是处于正常控制之中，此时的工序生产性能是可以预测的。过程控制系统的目标是当工序出现异常波动时迅速发出统计信号，使我们能很快查明异常原因并采取行动消除波动。

（2）质量的分布　产品质量虽然是波动的，但正常波动是有一定规律的，即存在一种分布趋势，形成一个分布带，这个分布带的范围反映了产品精度。产品质量分布可以有多种形式，如平均分布、正态分布等。

（3）数据种类　在质量管理工作中，是根据数据资料对质量进行控制的，质量数据可以分为计量值数据和计数值数据等不同类型。

具有可连续取值的，可用测量仪测出小数点以下数据的称为计量值数据，如长度、质量、电流、化学成分、温度等质量特性的数值皆是计量值数据。

只能用自然数取值的这类数据称为计数值数据，如次品件数、错字数、质量缺陷点数等。

（4）正态分布曲线　在正常波动下，大量生产过程中产品质量特性波动的趋势大多服从正态分布，因此，正态分布是一个最重要、最基本的分布规律。正态分布图形是一条中间高、两边低的"钟形"状态曲线，它具有集中性、对称性和有限性特点，如图4-1所示。

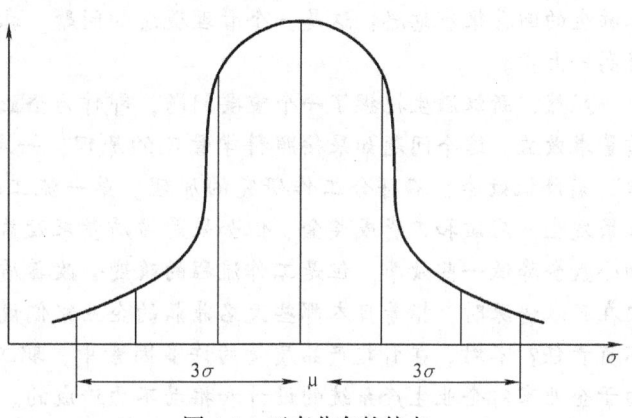

图4-1　正态分布的特点

正态分布由两个参数决定：

1）均值 μ，即衡量分布的集中趋势，在图样中即平均值 X。

2）标准差 σ，即偏差，反映数据的离散程度，在图样中用标准偏差 S 代替。

当均值和标准差确定时，一个正态分布曲线就确定了。均值 μ 是正态分布曲线的位置参数，不同的正态曲线，当标准差 σ 相同时其曲线形态相同，只是曲线中心的位置不同。标准差 σ 是衡量数据分布离散程度的参数，不同的正态曲线，当 μ 相同时，曲线的中心位置相同，而曲线的形状不同。随 σ 值的增大曲线变得越来越"矮"，越来越"胖"。

正态分布曲线与坐标横轴所围成的面积等于1。

从图4-1中可以看出，在 $\mu \pm \sigma$ 范围内的面积为68.26%，在 $\mu \pm 2\sigma$ 范围内的面积为95.45%，在 $\mu \pm 3\sigma$ 范围内的面积为99.73%。

对服从正态分布的产品进行质量分析可知，质量特征值落在 $\mu \pm 3\sigma$ 范围以内的概率为99.73%，只有不足0.3%的质量特征值有可能落在此范围之外。因此，人们在工艺质量控制中，设置了"6σ"目标，创造了 6σ 控制方法。

【案例】 日本质量管理专家解决一个开关装配质量问题

1961年,日本质量管理专家新江滋生在松下公司的山田电器厂帮助解决一个开关装配质量问题。这个工厂里有一道工序总是发生质量问题,质量管理部门想了许多办法也没有解决。为此,厂长很是头疼。这道工序是这样的,装配工人在流水线前操作,负责开关的组装。装配工人只要从一盒子弹簧中取出两个装入开关,然后装上按钮即可。问题是操作工人总是会偶尔少装入一个弹簧,因此产生质量问题。新江滋生到现场观察了以后,建议他们改变一下操作的程序,在操作工人面前增加一个小盘子,每次从盒中拿出两个弹簧先放入这个小盘,再从小盘中取出弹簧装入开关。这样一来,若开关装配完成后盘内仍有一个弹簧,工人会立即意识到发生漏装,马上就可以纠正错误。结果,从此彻底解决了弹簧漏装的问题。事后,该厂厂长问新江滋生:"你怎么会想到这么一个办法呢?我们为什么就想不到呢?"新江滋生的回答很有意思:这是一个管理观念的问题。真正明白其中的奥妙,你的管理观念会提高一大步。

显然,新江滋生把握了一个重要问题,即作为企业管理者究竟是要靠效率求效益还是靠质量求效益。这个问题如果按照科学管理的原理,一定不会这样处理,因为设置小盘"意味"着降低效率,不符合工作研究的原理。第一流工人是不允许发生遗忘之类的错误的,如果发生,应该扣工资或奖金。但如果是按质量求效益的观点,结论就会完全不同。虽然增加小盘会降低一些效率,但是工作流程的改变会改善质量。美国质量管理专家戴明博士有一次在日本讲课时,指着日本那些大名鼎鼎的企业家们说,你们认为产品质量不好是因为职工不负责任?不对。在引起产品质量的许多因素中,职工的责任感只占大约10%,而90%是由于企业家对企业生产系统的设计和推动不力造成的。所以,产品质量大部分原因就在你们身上。从现代科学观点看,效率应该是全方面的,包括速度,还包括质量。没有质量的效率就是没有效率。

3. 一般工序质量控制的方法

(1)"人"的控制 首先要进行技能控制。新上岗或调来本工序的生产操作工人必须有职业资格证书,不准无证上岗。有职业资格证书的工人,在上岗前应该经过考核,如果考核中生产出不合格的产品,说明技能不满足该工序要求,不准上岗。其次上岗前要进行身体健康检查,无不适宜本工序的疾病,而且要求能在规定的时间内完成规定的工作量。

(2)"机"的控制 工序中的机器非常重要,应严格控制。本工序的机器必须符合工艺规程规定的要求。本工序在新开工时,本工序的生产操作工人要试用本工序的生产机器,以检查机器是否合格,如果不合格有权拒绝使用。本工序的生产操作工人应该非常熟练本工序的机器的构造原理、性能及用途,并了解其可能发生的故障和保养方法。

(3)"料"的控制 进入本工序材料必须经过严格的检查,有些是本工序工人不能检查的应由上工序负责。检查料的方法是检查来料是否有质量证明文件。

下道工序是上道工序的用户,为了分清质量责任,下道工序的工人一定要检查上道工序转下来的料,经检查不合格的,有权拒收,不允许不合格的料流转。

(4)"测"的控制 工序中配的计量器具的名称、规格、精度应符合要求,处于鉴定期内并且合格。工人有权拒绝使用不合格的计量器具。工序的生产工人必须对首件进行自检,如果有互检的话,应该进行互检。经自检和互检合格后,送去专检,经检验合格后,方可继续生产。

未经首件检验造成不合格品由工序的生产工人负责,经首检造成的批量不合格品,检验员负错检或误判责任。

(5)"环"的控制 工序的环境条件应符合要求,如不符合规定要求,工人有权拒绝工作。

【案例】 生产工人拉绳子召唤班长解决现场问题

在一汽轿车新基地马自达6的总装车间,挂着一幅写着"学习TPS生产方式"的标语。丰田工厂质量控制的"三不"观念——不接受不良品、不制造不良品、不转移不良品,也渗透在一汽轿车质量管理体系中。一汽轿车车间的生产工人也逐渐习惯了在头上悬一根尼龙绳,如果发现问题就拉绳子,该道工序的灯一亮,班长跑步到现场解决。

三、产品制造过程的质量控制

当产品经过设计、试制的阶段后正式投入生产,生产制造过程的质量水平直接影响产品最后的质量,因此,在这一阶段的质量管理应做好以下工作:

1. 加强工艺管理

企业应该严格地进行工艺管理,全面提高生产制造过程的质量保证能力,使生产制造过程经常处于稳定的控制状态,并不断进行技术革新,改进工艺设计。

2. 加强技术检验

为了保证产品质量,必须根据技术标准,对原材料、在制品、半成品、成品以及工艺过程的质量都要进行检验,保证做到不合格的原材料不投产,不合格的制品不转序,不合格的半成品不使用,不合格的零件不装配,不合格的成品不出厂。

3. 加强不合格管理

1)制定不合格品处理的标准,建立健全的原始记录制度。

2)定期召开不合格品分析会议,通过分析研究,找出造成不合格品的原因,并采取措施。

3)做好不合格品的统计分析工作,根据有质量的原始记录,对于不合格品种的废品、返修品进行分类统计。

4)建立不合格品技术档案,以便发现和掌握废品产生和变化的规律性,从而为有计划地采取防范措施提供依据。

5)加强工序质量控制,全面质量管理,要求在不合格品发生之前,及时发现处理问题,防止不合格品的发生,为此必须加强质量控制。

在企业质量管理的过程中,真正影响(或产生)成品质量问题的来源主要有两种。一种是原材料自身存在的质量问题,其中包括"显性的"和"隐性的"质量问题,这一问题主要来自于外部;另一种是在企业内部加工的过程中产生的质量问题,它有可能是因为生产操作人员的问题、有可能是生产设备存在的问题、也有可能是生产工艺不成熟等因素所导致。外来的质量问题主要可通过对供应商的选择与进货检验的方式来进行控制,但不可避免地会存在一些质量问题无法解决,或者是无法有效地得到控制,特别是中小企业,对于此类质量问题将"无耐"地转入内部管理与控制,无形中增加了质量管理难度。这些质量问题主要表现为行业的"先天性"不足或者说是"先天性"缺陷,对此类问题我们要采取内部常规质量检验的方法进行生产过程控制,与此同时,还可以通过增设多个质量控制点的方法予以有效的控制与管理。

【案例】 产品质量问题就地解决

纸箱包装行业表现得相对较为明显,在原材料的控制方面存在多种"不良"的现象,如木浆原纸的色差问题一直困扰着瓦楞纸板、纸箱生产企业。在原纸的生产制造过程中,由于造纸厂木材原料的缺乏及填充料的不断增加,每一批生产出来的木浆原纸都很难保证其面版颜色的一致性,并且被市场认可的"木浆"原纸供货呈现出供不应求的"卖方市场"现象。另外,在纸质品市场上,产品的利润空间在原来的基础上进一步被压缩,导致原纸色差问题在中小企业一度出现失控现象。由于原纸的色差问题在造纸行业一直存在,并且在今后一段较长时间内仍无法得到有效解决,因此纸包装企业在这一问题的处理上,必须形成一套有效的内部控制办法,它包括从原纸的进厂到上机生产,再到成品入库等全过程。首先,设置进货检验点,由专职检验人员对原纸进行检验控制,将发现的原纸色差问题及时反馈给原纸仓库,并由原纸仓库管理人员进行标识管理(可使用"5S"方法进行区域规划),对不同的原纸颜色进行区分存放。其次,在投入生产使用时,由工作人员对原纸筒的颜色进行识别后,办理出库手续投放生产线使用。生产线的操作人员在原纸筒上机时进行相应原纸颜色的确认(特别是更换新原纸筒的时候),以确保同批产品颜色的一致性。接着,由后段纵横切人员进行首检,对原纸的面版颜色再次进行确认。同时,在连续生产的过程中由半成品堆码人员又一次进行原纸颜色的互检确认及专职检验人员的检查、识别。最后所有成品由专职检验人员进行最终的颜色确认,至此所有对原纸颜色的控制完成。在以上对原纸颜色的控制过程当中,从一般的检验人员的"单点"控制转换成仓库、生产及质检等"多点"控制。最终使这一问题的处理,在不增加成本的情况下处于严密的控制范围内,最终达到对其有效控制的目的。

以上所讲的方法主要适用于特殊问题的质量控制,而不能与常规的质量控制方式进行"混淆"。在不同的企业、行业中,质量的控制方法虽然各式各样,但这类方法可以慢慢地将质量的自我控制意识不断地渗透到每一个岗位和每一个员工的工作当中,为实现"全面质量管理"奠定必须的基础,同时也是质量意识贯彻的一种方式。其实在产品生产过程的质量控制上,更多的是需要生产一线的操作人员来完成,如何实现生产操作人员的自我质量控制,是质量管理人员长期工作的努力方向,也是实现产品质量提升的关键因素,真正做到问题在哪里产生就在哪里解决,进而实现对产品质量的预防与控制。

第二节 质量监督

质量监督是宏观质量管理的一项重要内容和手段，也是质量管理学的一个特定的概念。GB/T 20000.1—2002 指出：质量监督是根据政府法令或规定，对产品、服务质量和企业保证质量所具备的条件进行监督的活动。

一、质量监督概述

1. 质量监督的概念

质量监督是为了确保规定的要求，对产品的状况进行连续的监视和验证并对记录进行分析。我们可从以下几方面来理解：

1) 质量监督的对象是产品、服务质量和企业保证质量所具备的条件，即管理能力和设备能力。

2) 质量监督是政府实施国民经济管理的职能之一，是宏观管理中监控系统的重要组成部分。

3) 质量监督的依据是国家有关质量的法律，政府有关质量的法规、规章，国民经济计划，以及政府批准发布的强制性标准。

4) 质量监督是一种质量分析和评价活动。需要对生产、流通、分配和消费过程的产品或服务质量进行监察，即对质量发生、发展和消亡的全过程进行连续的评价和分析。

5) 质量监督需要用科学的方法，对产品实施检验，对企业保证质量所具备的条件进行检查，以便取得数据，查明偏差的原因，得出科学的评价结论。但这里讲的"检验"是由政府质量监督主管部门依法设置或认可的专门机构所从事的公正、科学和权威的检验，即监督检验。它具有典型的第三方检验的公正性，因为法规确定在质量争议中以它的数据为准，因此它比一般的第三方检验具有更高的权威性。

6) 质量监督要求进行督导，主要是反馈和处理。即将监督获得的大量数据和事实进行分析归纳，及时反馈有关方面。还要根据法律法规授予的权限对质量违法行为，采取相应的法律的、经济的、行政的或教育的处理措施。

随着改革开放的市场经济深入进行，质量监督活动只能加强不能削弱，如以《中华人民共和国产品质量法》为核心的质量法规体系已经建立。

2. 质量监督的意义

质量监督是对产品质量进行宏观管理的重要手段。它的任务是根据国家的质量法规和产品技术标准，对生产、流通、运输、储存领域的产品进行有效的监督管理和检验实现对产品质量的宏观控制，保护消费者、生产者和国家利益不受到损害。因此，实施质量监督具有重要意义，具体表现在：

1) 保护消费者的合法权益。
2) 促进产品技术标准和有关质量法规的贯彻实施。
3) 有利于发展对外贸易，开拓国际市场，保护国家的经济利益。
4) 有利于促进技术进步，提高企业素质和质量管理水平。
5) 质量监督检验能客观、公正地反映质量状况，广大消费者可以利用这些质量信息指导选择消费，政府需要这些质量信息以便完善现行的经济计划。

3. 质量监督的种类

按照监督主体的不同，质量监督可分为内部监督、国家监督、行业监督和社会监督四种。

(1) 内部监督　内部监督是企业为了保证满足质量要求，由具备资格且经厂长授权的人员对程序、方法、条件、产品、过程或服务进行随机检查，对照规定的质量要求，发现问题予以记录，并督促责任部门分析原因，制定解决措施，直至问题获得解决。

(2) 国家监督　国家监督是一种行政监督，是国家通过立法授权的国家机关，利用国家的权利和权威来行使的，其监督具有法律的威慑力。这种执法是从国家的整体利益出发，以法律为依据，不受部门、行业利益的局限，具有法律的权威性和严肃性。国家质量技术监督局统一管理，组织协调全国的质量监督工作。

(3) 行业监督　行业监督是指由行业的主管部门对所辖行业、企业贯彻执行有关国家质量法律、法规进行监督，主要任务和职责是根据国家产业政策，组织制定好本行业或企业的产品升级换代计划，指导企业按国家或市场需求，调整产品结构，提高产品质量水平，推进技术进步，生产适销对路的优质名牌产品，提高产品在国内外市场的竞争能力。行业质量监督不能与国家监督等同，它无权使用国家法律、法规实行行政处罚。

(4) 社会监督　社会监督是指各级消费者协会、质量管理协会、用户委员会等保护消费者权益的社会组织，反映消费者的意见和呼声，处理质量问题的投诉，协助政府开展质量监督检查，以维护消费者的利益。

4. 质量监督的职能

(1) 报告职能　依据监督获得的情况、数据和信息，可以向有关部门报告质量情况、标准实施情况、存在的质量问题及倾向，使有关部门了解质量情况，以便有的放矢地制定有关政策。

(2) 预防和补救职能　从监督中发现问题，首先进行应急处理，对一些危及社会安全、人身健康的产品，以及影响社会主义建设，能够产生重大隐患的产品，要立即停止生产和销售，有的还要立即更换和追回不合格产品，不再继续给社会造成损失。同时，还要分析原因，采取必要的措施，以防止再发生类似问题。

(3) 处理与教育职能　对监督抽查中存在的问题，要依据有关的法律和法规进行法律的、经济的以及行政的处理。还要对一贯遵纪守法，生产和销售优质产品的企业和个人予以表彰。对违反法律、法规的企业和个人采取适当的形式予以教育。

(4) 服务职能　对监督中发现的问题要满腔热情地帮助企业予以解决，对企业中存在的困难要采取多种方式、手段，帮其转化，提高产品和服务质量水平。

除上述几个职能之外，质量监督与政府的其他活动相结合，还具有宏观调控职能，评价职能等。

5. 质量监督的内容

质量监督的内容包括：①进行定期和不定期的产品质量抽查，监督产品标准的贯彻执行情况；②处理产品质量申诉，进行产品质量仲裁检验、产品质量鉴定；③打击生产、销售伪劣产品的违法行为；④对产品质量认证工作进行监督管理，对获得认证的产品质量及产品认证标志的使用过程进行监督检查；⑤参与对免检产品、名牌产品称号和标志的产品发生质量问题时,进行产品监督检查。同时,为了保障用户、消费者的合法权益,我国《产品质量法》对生产者、销售者规定了明确的产品质量责任和义务。

【案例】 质量监督促进节能灯质量提高

产品质量是监督抽查针对的直接目标,也是节能灯产品的关键要素。节能灯在照明产品中技术含量较高,政府十分重视该产品的质量问题。国家质量技术监督检验检疫局先后制定了 GB 16844—1997《普通照明用自镇流灯的安全要求》和 GB/T 17263—1998《普通照明用自镇流荧光灯 性能要求》两项节能灯产品的国家标准,在 2002 年又再次修改了推荐性国家标准 GB/T 17262—2002、GB/T 17263—2002 两项标准,对节能产品提出了更高的质量要求。质量监督抽查则成为节能灯企业质量管理重要的激励手段,具体明确了节能灯产品的质量要求,在行业中形成了一个质量提高的正反馈机制,可以说是我国节能灯产品质量提高的原动力。

1998 年是第一次实施全国范围针对节能灯产品的专项抽查,由于当时 GB/T 17263—1998 刚刚颁布且尚未实施,抽查结果只对强制标准 GB 16844—1997 要求的项目进行了判定。由于企业对标准不够了解,造成抽查合格率很低。抽查为企业明确了质量管理标准,其结果也使广大厂家认识到质量问题的严重性。经过一年的努力之后,在 1999 年的抽查中,质量合格率有了明显上升。在其后的全国抽查中,抽查范围除了原有的生产领域还扩展到销售市场;抽查企业覆盖率也同时提升(1998 年覆盖率 15.4%,1999 年 28.2%,2000 年 38.5%)。因为以上两个原因,抽查合格率有所下降。从 2002 年开始,随着质量抽检技术手段和操作方式的逐步稳定,抽检合格率也开始稳步上升。

二、质量监督的形式及其特点

质量监督工作按其性质、目的、内容和处理方法不同,可分为三种基本形式,即抽查型质量监督、评价型质量监督、仲裁型质量监督。

1. 抽查型质量监督

(1) 国家监督抽查 《中华人民共和国产品质量法》第十条规定:国家对产品质量实行以抽查为主要方式的监督检查制度,对可能危及人体健康和人身财产安全的产品,影响国计民生的重要工业产品以及用户、消费者、有关组织反映有质量问题的产品进行抽查。由此可见,产品质量国家监督抽查是政府有关行政部门,依据法律、法规和标准,对个人生产经销的产品实行强制性抽查检验,是实施质量监督的一种方式。

(2) 统一监督抽查 由国家质检总局针对产品质量问题较多的某类产品,布置在全国范围内进行统一监督抽查。这种形式对加强产品质量的宏观控制,提高企业质量意识和产品质量起到积极的推动作用。

统一监督抽查由国务院有关主管部门和省级产品质量监督管理部门提出建议,由国家质检总局制定计划,发布进行全国统一监督检验的文件,布置实施检验的产品的目录,安排统检的时间,提出统检的要求。根据产品的分布情况和质量状况,分别组织国务院有关主管部门或省级产品质量监督管理部门实施,指定符合规定条件的产品质量检验机构承担统检产品的检验任务。统检结束后通报检验情况,进行质量分析,提出整改要求。

统检的内容有两种,一种是既在组织的合格品中抽取样品,进行实物检验,又对组织的质量保证条件进行检查,以找出质量偏差的原因和审查组织持续生产合格品的能力;另一种是只对组织的抽查样品进行实物检验,不对组织的质量保证条件进行审查。

(3) 地方监督检查　产品质量国家监督抽查是由国家质量监督检验检疫总局负责统一管理,定期组织对产品质量进行监督抽查,县级以上地方人民政府管理的产品质量监督工作的部门在本行政区域内也可以组织监督抽查。产品质量抽查的结果应当公布。

2. 评价型质量监督

评价型质量监督是指国家的质量监督机构对申请新产品生产证、产品生产许可证、优质产品和质量认证证书与标志等的组织,进行生产条件、质量体系的考核和产品抽查试验,以及对获得这些资格证书的组织进行生产条件、质量体系和产品质量复查的一种质量监督活动。诸如新产品鉴定、生产许可证质量监督、质量认证监督和优质品质量监督等均属于这种形式。评价型质量监督基本上只是在有关人身安全健康的重要产品上,才带有一定的强制性。

3. 仲裁型质量监督

仲裁型质量监督是指质量监督机构通过对有争议的产品进行仲裁检验和质量裁定,以便能公正处理质量争议,维护标准的严肃性,目前包括争议方委托的质量仲裁,司法机构和合同管理部门委托的仲裁检验以及群众质量投诉等。

质量仲裁检验的受理范围包括:

1) 在经济活动中,因质量问题发生纠纷,一方提出申请者。

2) 在经济活动中,因质量纠纷,双方提出申请者。

3) 人民法院和工商行政管理部门在处理经济案件中,对产品质量需要判定时,可申请或委托当地质量监督管理部门进行仲裁检验。

4) 仲裁庭审理仲裁案件过程中涉及产品质量问题可委托或指定检验机构进行仲裁检验。

上述产品质量监督的三种基本形式,其监督的目的、内容和处理方法各具特征见表4-1。

表4-1　产品质量监督三种基本类型的特征

特征 \ 形式	抽查型	评价型	仲裁型
目的	通过对部分重点产品的监督抽查,发现质量问题和发展趋势,指导并加强国家对产品质量的宏观控制,督促组织按标准生产合格产品	鼓励组织生产具有较高质量水平的产品,向国际水平和国外先进水平靠拢	公正判定、裁决有质量争议的产品,保护当事人的正当权益
内容	只对产品的主要特征进行抽查检验,有的要作全项检验	不仅抽查产品质量,还要审查、评定组织的质量保证条件	只对有争议产品进行检验,必要时,要检查生产组织、经销单位和使用单位的质量保证条件,弄清质量责任

(续)

特征＼形式	抽查型	评价型	仲裁型
处理	由政府发表《检验公报》或在报纸上公布检验结果，通过整改，使产品达到规定要求	由政府颁发相应质量水平的产品质量证书，允许在产品上、包装上使用相应的质量标志或标记	由受理仲裁（信访）的质量监督进行调解和裁决
性质	纯属逆向工作	主要是顺向工作	法制监督的重要组成部分

第三节 质量改进

质量改进是消除系统性的问题，对现有的质量水平在控制的基础上加以提高，使质量达到一个新水平、新高度。质量改进是一个过程，要按照一定的规则进行，否则会影响改进的成效，甚至会徒劳无功。质量改进的组织分为两个层次，一是从整体的角度改进项目调动资源，这是管理层，即质量管理委员会；二是为了具体地开展工作项目，这是实施层，即质量改进团队或称质量改进小组。质量改进是企业跨部门人员参加的突破性改进活动，是由企业各部门内部人员对现有过程进行渐进的持续改进活动。

1. 质量改进的概念

质量改进是质量管理的一部分，是致力于满足质量要求的能力。

质量管理活动可划为两个类型。一类是维持现有的质量，其方法是"质量控制"；另一类是改进目前的质量，其方法是主动采取措施，使质量在原有的基础上有突破性的提高，即"质量改进"。

美国质量管理学家朱兰在欧洲质量管理组织第30届年会上发表的《总体质量规划》中指出，质量改进是使效果达到前所未有水平的突破过程。由此可见，质量改进的含义应包括以下内容：

（1）质量改进的对象　它包括产品（或服务）质量以及与它有关的工作质量，也就是通常所说的产品质量和工作质量两个方面。前者如电视机厂生产的电视机实物的质量，饭店的输出服务质量等；后者如企业中供应部门的工作质量，车间计划调度部门的工作质量等。因此，质量改进的对象是全面质量管理中所叙述的"广义质量"概念。

（2）质量改进的效果在于"突破"　朱兰认为：质量改进的最终效果是按照比原计划目标高得多的质量水平进行工作。如此工作必然得到比原来目标高得多的产品质量。质量改进与质量控制效果不一样，但两者是紧密相关的，质量控制是质量改进的前提，质量改进是质量控制的发展方向，控制意味着维持其质量水平，改进的效果则是突破或提高。可见，质量控制是面对"今天"的要求，而质量改进是为了"明天"的需要。

（3）质量改进是一个变革的过程　质量改进是一个变革和突破的过程，该过程也必然遵循PDCA循环的规律。由于时代的发展是永无止境的，为立足于时代，质量改进也必然是"永无止境"的。国外质量专家认为：永不满足则兴、裹足不前则衰。

此外，还要深刻理解"变革"的含义，变革就是要改变现状。改变现状就必然会遇到强大的阻力,这个阻力来自技术和文化两个方面。因此,了解并消除这些阻力,是质量改进的先决条件。

(4) 偶发性缺陷与长期性缺陷　在质量管理过程中,既要及时排除产品的质量缺陷,又要保证产品质量的继续提高。缺陷是质量管理的主要对象,缺陷是指不满足预期的使用要求,即指一种或多种质量特性偏离了预期的使用要求。一般情况下,质量缺陷分为偶然性质量缺陷和长期性质量缺陷两种类型。

1) 偶然性质量缺陷。偶然性质量缺陷是指产品质量突然恶化所造成的缺陷,它是由于生产过程中系统偏差所造成的。由于偶然性质量缺陷影响生产的进展,因此需要立即采取措施使生产恢复正常。它类似产品质量的"急性病",采取对策的方式是"救火式",其目的仅局限于"恢复常态"。

2) 长期性质量缺陷。长期性质量缺陷是指产品质量长期处于低水平状态所造成的缺陷,它是生产过程中随机偏差综合影响所造成的。人们虽然对它有所察觉,但习以为常,缺乏采取措施的紧迫感。

【案例】　加强质量改进,防止产品质量"慢性病"

某车间不合格品率由15%下降到4%,并长期停滞在该水平上,人们认为4%的不合格品率是天经地义之事,从而不思改进。长期性质量缺陷不易引起人们的重视,所造成的经济损失远远高于偶发性质量缺陷。长期性质量缺陷类似产品质量的"慢性病",对其采取的对策是"质量突破"方式,其目的是"层次提高"。

2. 质量改进的理论模式

质量改进的理论模式主要研究两个问题,第一是质量控制与质量改进的本质对比,第二是质量改进的典型管理策略。

(1) 质量控制与质量改进对比　质量控制的目的是维持某一特定的质量水平,控制系统的偶发性缺陷;而质量改进则是对某一特定的质量水平进行"突破性"的变革,使其在更高的目标水平下处于相对平衡的状态。二者的区别可用图4-2表示。

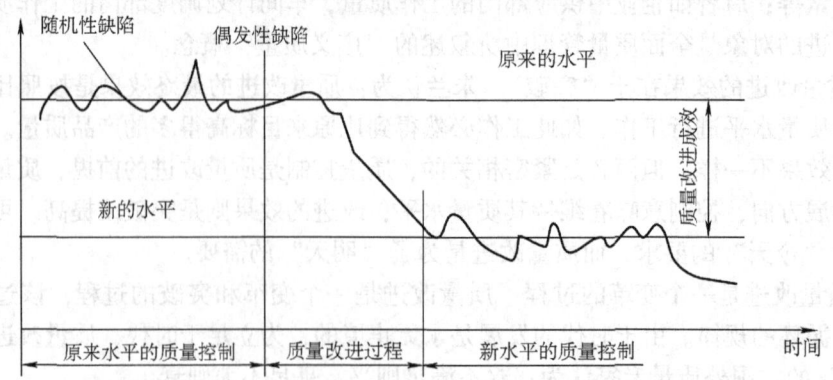

图4-2　质量控制与质量改进的区别

由图 4-2 可知，质量控制是日常进行的工作，可以纳入"操作规程"中加以贯彻执行。质量改进则是一项阶段性的工作，达到既定目标之后，该项工作就完成了，通常它不能纳入"操作规程"，只能纳入"质量计划"中加以贯彻执行。

（2）质量改进的策略　目前世界各国均重视质量改进的实施策略，方法各不相同。美国麻省理工学院 Robert Hayes 教授将其归纳为两种类型，一种称为"递增型"策略；另一种称为"跳跃型"策略。它们的区别在于，质量改进阶段的划分和目标效益值的确定不同。质量改进模型如图 4-3 所示。

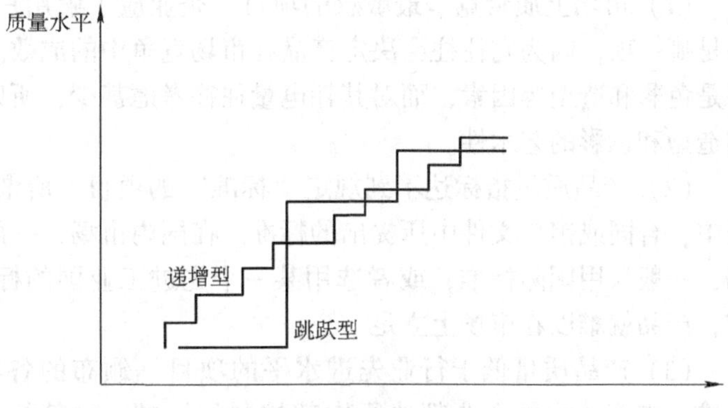

图 4-3　质量改进模型

递增型质量改进的特点是改进步伐小，改进频繁。这种策略认为，最重要的是每天每月都要改进各方面的工作，即使改进的步子很微小，但可以保证无止境地改进。递增型质量改进的优点是将质量改进列入日常的工作计划中去，保证改进工作不间断地进行。由于改进的目标不高，课题不受限制，所以具有广泛的群众基础；它的缺点是缺乏计划性，力量分散，所以不适用重大的质量改进项目。

跳跃型质量改进的特点是两次质量改进的时间间隔较长，改进的目标值较高，而且每次改进均须投入较大的力量。这种策略认为，当客观要求需要进行质量改进时，公司或企业的领导者就要作出重要的决定，集中最佳的人力、物力和时间来从事这一工作。该策略的优点是能够迈出相当大的步子，成效较大，但不具有"经常性"的特征，难以养成在日常工作中"不断改进"的观念。

质量改进的项目是广泛的，改进的目标值的要求相差又是很悬殊的、所以很难对上述两种策略进行绝对的评价。企业要在全体人员中树立"不断改进"的思想，使质量改进具有持久的群众性，可采取递增式策略。而对于某些具有竞争性的重大质量项目，可采取跳跃式策略。

3. 质量改进的意义

1）质量改进有很高的投资收益率。
2）可以促进新产品开发，改进产品性能，延长产品的寿命周期。
3）通过对产品设计和生产工艺的改进，更加合理、有效地使用资金和技术力量，充分挖掘组织的潜力。
4）提高产品的制造质量，减少不合格品的出现，实现增产增效的目的。
5）通过提高产品的适应性，从而提高组织产品的市场竞争力。
6）有利于发挥各部门的质量职能，提高工作质量，为产品质量提供强有力的保证。

4. 质量改进的对象

质量改进活动涉及到质量管理的全过程，改进的对象既包括产品（或服务）的质量，也包括各部门的工作质量。改进项目的选择重点，应是长期性的缺陷。

产品质量改进是指改进产品自身的缺陷，或是改进与之密切相关事项的工作缺陷的过程。一般来说，应把影响企业质量方针目标实现的主要问题，作为质量改进的选择对象。同时，还应对以下情况给予优先考虑：

（1）市场上质量竞争最敏感的项目　企业应了解用户对产品众多的质量项目中最关切的是哪一项，因为它往往会决定产品在市场竞争中的成败。例如，用户对于台灯的选择，主要是色彩和造型等因素，而对其耗电量往往考虑甚少，所以台灯质量改进项目主要是提高它的造型和色彩的艺术性。

（2）产品质量指标达不到规定"标准"的项目　所谓规定"标准"是指在产品销售过程中，合同或销售文件中所提出的标准。在国内市场，一般采用国标或部颁标准；在国际市场，一般采用国际标准，或者选用某一个先进工业国的标准。产品质量指标达不到这种标准，产品就难以在市场上立足。

（3）产品质量低于行业先进水平的项目　颁布的各项标准只是产品质量要求的一般水准，有竞争力的企业都执行内部控制的标准，内部标准的质量指标高于公开颁布标准的指标。因此，选择改进项目应在立足于与先进企业产品质量对比的基础上，将本企业产品质量项目低于行业先进水平的，均应列入计划，订出改进措施，否则难以占领国内外市场。

（4）寿命处于成熟期至衰退期产品的关键项目　产品处于成熟期后，市场已处于饱和状态，需要量由停滞转向下滑，用户对老产品感到不足，并不断提出新的需求项目。在这一阶段必须对产品质量进行改进，以此推迟衰退期的到来，此类质量改进活动常与产品更新换代工作密切配合。

（5）其他　诸如质量成本高的项目，用户意见集中的项目，索赔与诉讼项目，影响产品信誉的项目，等等。

质量改进项目的选定应该根据项目本身的重要程度、缺陷的严重程度、企业的技术能力和经济能力等因素，综合分析后来决定。下面介绍几种常见的选择方法：

1）对比评分法。对比评分法是运用调查、对比、评价等手段将本厂产品质量与市场上主要畅销的同类产品的质量进行对比评分，从而找出本企业产品质量改进的重点。该方法的特点是，放眼四方，达到知己知彼的境地，从而制订出最有利的改进项目。

2）统计分析法。统计分析法首先运用数理统计方法对产品缺陷进行统计，得出清晰的数量报表，然后利用这些资料进行分析，最后根据分析的结果，选定改进项目。常用的方法有缺陷的关联图分析、缺陷的矩阵分析等。这些方法的特点是目光注视企业内部，积极搜寻改进目标。

3）技术分析法。技术分析法是首先收集科学技术信息，了解产品发展趋势，了解新技术在产品上应用的可能性，了解新工艺及其实用的效果等，然后通过科技信息的调查与分析，最后寻求质量改进的项目和途径。该种方法的特点是运用"硬技术"，抢先一步使产品获得高科技水平，从而占领市场。

4）质量改进经济分析法。质量改进经济分析法是首先运用质量经济学的观点，来选择改进项目并确定这些项目的改进顺序，然后运用"用户评价值"的概念，计算出成本效益率，最后以成本效率数值来选择质量改进项目。"用户评价值"是指，当该项质量特性改进后，用户愿意支付的追加款额。成本效益率就是"用户评价值"与"质量改进支出费用"

的比值,该值大者优先进行质量改进,该值小于 1 者,无改进价值。该种方法的特点是以企业收益值作为标准来进行质量改进项目选择。

5. 质量改进的实施

(1) 质量改进实施的基础 质量改进的对象一般是长期性缺陷,所以难度较大,需要很多人参加并要制订周密的计划以后,才能得到实效。因此,质量改进必须有一个坚实的基础。该基础包括以下三个方面:

1) 认识上的统一。首先,要统一对质量危机的认识。由于影响市场占有率的主导因素是质量,质量竞争在市场经济中是一个长期的客观规律,即有市场经济必存在质量竞争现象。企业要在竞争中取胜,必须重视质量改进工作。其次,要充分认识到质量改进工作的长期性,即"永不停顿"的工作。因此,质量改进工作不是"临时措施",而是"日常工作"。朱兰将质量管理工作归纳为三个基本的相关过程,即质量计划、质量控制、质量改进,称为"朱兰三部曲"。

2) 领导阶层的重视。搞好产品质量的改进,提高企业工作质量的关键在于领导,尤其是上层领导。没有上层领导的支持与指导,质量改进工作就不可能取得决定性的胜利。这是因为在质量改进工作的实施中,如果上层领导者认为不用做的事,那么下级人员就不会去做。正像瀑布一样,山上无涓涓的流水,山下绝不会出现瀑布,人们把这种关系称为"瀑布效应"。只有上层领导者首先纠正对质量的旧观念和坏习惯之后,才有可能清除下级人员对质量的旧观念和坏习惯,企业的质量改进工作才能顺利实施。

(2) 克服质量改进的阻力 进行质量改进,需要在技术和管理上进行综合性的工作,才能解决企业的质量问题。其内容涉及到技术改进和社会变革两个方面,这两个方面都有一定的阻力,了解并消除这些阻力是质量改进的先决条件。

1) 社会方面的阻力。在质量改进过程中,重点是克服"社会上对所需技术改造的抵制"。当实行一项质量改进的变革时,常会遇到一种对改革的阻力,人们对此常迷惑不解。迷惑的原因是只看到改进课题的技术性方面,而忽视了与变革联系在一起的社会效应,那就是对于人际关系、地位、声誉等方面的影响。

2) 技术方面的阻力。质量改进工作要涉及到新技术、新材料、新工艺以及新原理的应用。掌握并应用这些"硬技术"是一个艰巨的过程,其阻力是客观存在的。为克服技术上的阻力,应将技术人员、技术情报人员、实验试制人员、生产管理人员组织成一个有机整体,其整体的目标一致性和行动协调性是攻克技术阻力的基础。经验告诉人们,单兵作战,对于质量改进的成效是微弱的,必须组成兵团作战才能有效地克服技术方面的阻力。

(3) 质量改进步骤 具体实施质量改进 PDCA 循环的过程,可以分成如下七个步骤:

1) 明确问题。

2) 掌握现状。

3) 分析问题产生的原因。

4) 拟订对策并实施。

5) 确认效果。

6) 防止问题再发生并标准化。

7) 总结。

课 后 拓 展

1. 学习过本章知识后,想想在实际工作中如何通过"人"、"机"、"料"、"测"、"环"的控制来控制产品的质量。

2. 质量监督有外部监督和内部监督之分。看看下面的实例,谈谈你的看法。

审核组在审核某铸造厂时,在稀土铁硅合金熔炼车间的检验记录中看到,记录的"出炉温度"栏内填写的都是1100℃,而操作现场没有看到测温仪表。审核员问:"出炉温度你们是怎么检测的?"检验员说:"应该用红外测温仪,但是我们觉得温度测得不准,因此我们的记录是凭经验写的。"审核员要求出示测温仪的校准记录,检验员从办公室取来检定证书,证书表明该仪器是上个月刚刚送到区计量检定所校准完毕,结论是"合格"。审核员问检验员:"你们使用红外测温仪多长时间了?"检验员不好意思地说:"也就这次为了认证才买的,大家使用不习惯,就没有用。"审核员进一步查看《熔炼检验规程》,上面规定:"使用测温仪检测温度,应在温度达到1100℃时出炉。"

第五章

质量检验

第一节 质量检验概述

科学技术和生产力的高速发展促进了质量管理的发展，质量检验是质量管理的重要组成部分，随着质量管理的发展而发展是必然的。对产品质量提出高标准要求的同时，对质量检验的要求也更加严格。质量检验突出表现在经常化、科学化等方面，并且通过高质量、高效率的工作和全过程的验证活动，与企业管理中各项活动相协同，从而有力地保证了产品质量的稳步提高，不断满足社会日益发展和人们对物质文化生活水平提高的要求。

1. 质量检验的概念

质量检验是生产中的"眼睛"，是制造过程质量控制的方法和工具。质量控制的重点虽然已经转移到产前阶段的设计、工艺过程和物料采购等各项活动上，但检验仍是各类组织质量体系中必不可少的质量要素。

ISO 9000:2000 标准对检验的定义是："通过观察和判断，适当时结合测量、试验所进行的符合性评价。"

检验包括四个基本要素：

1) 度量，即采用试验、测量、化验与感官检查等方法检测产品的质量特性。
2) 比较，即将测定结果与质量标准进行比较。
3) 判断，即根据比较结果，对检验项目或产品做出合格性的判定。
4) 处理，即对单件受检产品，决定合格放行还是不合格返工、返修或报废。对受检批量产品，决定签收还是拒收。对拒收的不合格产品，还要进一步做出是否重新全检或筛选甚至报废的结论。

2. 质量检验在质量管理中的地位

质量检验自古就有，例如，在手工业时代，一个工匠编竹筐时，他时不时停下来看看自己编的筐圆不圆，这就是他自己检查自己生产的产品质量——圆不圆的过程。后来生产发展了，设有专人来检验产品的质量，于是出现了专职质量检验员，质量检验成为一种职业。质量检验是质量管理的组成部分之一。质量管理发展到现在经历了质量检验阶段、统计质量控制阶段和全面质量管理阶段。

质量检验是统计质量控制和全面质量管理的基础，全面质量管理是在统计质量控制基础上发展而来的。我国由于没有经过统计质量控制阶段而"跃进"全面质量管理阶段，在质量管理工作中没有充分运用统计技术，以数据说话，找不到改进点进行持续改进，所以，全面质量管理的有效性很差，许多组织貌似进入全面质量管理阶段，而实际上仍停留在质量检验阶段。

质量检验机构在质量管理职能中的地位见表 5-1。

表 5-1　质量检验机构在质量管理职能中的地位

管理者代表	最高管理者	主要领导／职能部门 ISO 9001:2000	质管部	检验处	计划部	生产部	各车间	技术部	财务部	物资部	档案室
	☆	质量手册	▲	○	○	○	○	○	○	○	○
☆		文件控制	▲	○	○	○	○	○	○	○	○
☆		记录控制	▲	○	○	○	○	○	○	○	○
	▲	管理承诺	○	○	○	○	○	○	○	○	
	▲	以顾客为关注焦点	○	○	○	○	○	○			
	▲	质量方针	○	○	○	○	○	○			
	▲	策划	○	○	○	○	○	○			
	▲	职责、权限与沟通	○	○	○	○	○	○	○	○	
	▲	管理评审	○	○	○	○	○	○	○	○	
▲	☆	资源供应	○		○			○			
▲	☆	人力资源	○		○			○			
▲	☆	基础设施	○		○			○			
▲	☆	工作环境	○		○			○			
☆		产品实现的策划	○		▲	○	○	○			
☆		与顾客有关的过程	○		▲	○	○	○			
☆		设计和开发	○	○	▲	○	○	○			
☆		采购	○	○	○	○	○	○	○	▲	
☆		生产服务和提供	○	○	○	▲	○	○		○	○
☆		监视和测量装置的控制	○	▲	○	○	○	○			
☆		总则	▲	○	○	○	○	○			
☆		监视和测量	▲	○	○	○	○	○			
☆		不合格品的控制	▲	○	○	○	○	○			
☆		数据分析	▲	○	○	○	○	○			
☆		改进	▲	○	○	○	○	○	○	○	○

注：☆表示领导责任，▲表示归口部门，○表示相关部门。

3. 质量检验的职能

（1）鉴别的职能　鉴别的职能是其他各项职能的前提。鉴别的职能是根据技术标准、产品图样、工艺规程和订货合同（协议）的规定，采用相应的检验方法观察、实验、测量产品的质量特性，判定产品质量是否符合规定的要求。不进行鉴别就不能确定产品的质量状况，就难以实现其他各项职能。

（2）把关的职能　质量"把关"是质量检验最重要、最基本的职能。产品实现的过程往往是一个复杂的过程，影响产品质量的人、机、料、法、环诸因素都会在这过程中发生变化和波动，各过程（工序）不可能始终处于等同的技术状态，质量波动是客观存在的、不可避免的。因此，必须通过严格的检验，剔除不合格品并予以"隔离"，实现不合格原材料不准投产、不合格半成品不准转序、不合格成品不准出厂，严把质量关。

（3）预防的职能　现代的质量检验不是单纯的事后把关，还同时起到防御的作用。检验的预防作用主要体现在以下几个方面：

1）通过对过程能力的测定和控制图的应用起到预防的作用。

2）通过过程作业的首检与巡检起到预防作用。

3）对原材料和购件的进货检验，对半成品转序或入库前的检验，既起到把关的作用又起到防御的作用。

（4）报告的职能　为了使领导层和相关的管理部门及时掌握产品现实过程中的质量状况，评价和分析质量控制的有效性，把检验获取的数据和信息，经汇总、整理、分析后写成报告，为质量控制、质量改进、质量考核以及质量管理决策提供重要的信息和依据。

一、质量检验的方式

质量检验的方式是多种多样的，按照不同的特征对质量检验进行分类，可以有不同的结果。

1. 按检验中质量特性值的特征划分的检验方式

（1）计数检验　计数检验包括计件检查和计点检查，只记录不合格数（或点），不记录检测后的具体测量数值，特别是有些质量特性本身很难用数值表示，如产品的外形是否美观、食物的味道是否可口等，只能通过感官判断它们是否合格，还有一类质量特点，如产品的尺寸等虽然可以用数值表示，也可以进行测量，但在大批量生产中，为了提高效率、节约人力和费用，常常只用"过端"和"不过端"的卡规检查其是否在上下公差范围以内，也就是只区分合格与不合格品，而不测量实际的尺寸大小，适用于质量特性值为计点值或计件值的场合。

（2）计量检验　计量检验就是测量和记录质量特性的数值，并根据数值与标准对比，判断是否合格。这种检验在工业生产中是大量而广泛存在的，适用于质量特性值为计量值的场合。

2. 按检验地点划分的检验方式

（1）流动检验　流动检验也是临床检查，即由检验人员到工作地区检查。流动检查有以下优点：

1）有利于搞好检验人员与生产工人之间的关系。因为检验人员到工作地区检查，如果态度好，并指出工作操作中的问题，减少不合格的产生，生产工人体会到检验人员不只是检查自己的工作，而是为自己服务，体现了同志式的合作关系，并减少了出现废品而造成的经济损失。

2）有预防作用。检验人员按加工时间顺序到工作场地去检查，容易及时发现生产过程中的变化，预防成批废品的出现。

3）可以节省被检零件的搬运和取送，防止磕碰、划伤等损坏现象的发生。

4）可以提高生产效率，节省操作者在检验站的排队待检的时间。

5）检验人员当着生产工人的面进行检查，操作者容易了解出现的质量问题，并容易相信和接受检验人员的检查结果，减少相互之间的矛盾和不信任感。

（2）就地检验　在生产线的工位上设置检验点，就地对加工中的工件质量进行检验，称为就地检验。就地检验可以减少搬运半成品所耗费的人力或物力，有助于节约成本，同时，部分半成品就地检验不合格后可以立即进行纠正、改造或重新加工。同时也可以拉近质检员与生产员工之间的心理距离，并且也体现出质检的服务功能。

（3）固定检验　在固定点设置检验站，生产工人将自己生产并自检合格的产品送来检验，称为固定检验。这种检验站可以是车间公共的检验站，各个工段、小组或工作地上的产品加工后，都依次送到检验站进行检验，也可以设立流动或自动线的工序之间或"线"的终端。这种检验站则属于专门的，并构成生产线的有机组成部分，只固定某种专门的检验。

在车间内设立固定的检验站既有优点又有缺点。固定的检验，适用于某些不便搬动或精密的仪器，有利于建立较好的工作环境，有利于检验工具或设备的使用和管理，但固定的检验站，从心理学的观点看，容易造成检验人员与生产工人之间的对立情绪，生产工人把产品送去检验看成"过关"。同时检验站内，容易造成待检和待检、待检和完检、完检和完检零件的存放混乱，占用较大的空间。所以采用固定检验，要根据具体的情况处理。

（4）派出检验　需方将检验员派到供方对自己需要的外购物资的质量进行检验，称为派出检验。例如，在进口国外大型设备之前，厂方可以派出检验人员进行开封检验，及时、及早地发现存在的问题，以减少在实际安装等情况下出现问题而产生的重大损失。

3. 按检验数量划分检验方式

（1）全数检验　全数检验是指对一批待检产品进行检验，一般来说这种方式比较可靠，且能够同时提供较全面的质量信息。如果希望检查得到百分之百的合格品，唯一可行的办法就是进行全检，甚至一次以上的全检。但是还要考虑漏检和错检的可能。全数检验有它固有的缺点：

1）检验的工作量大。
2）检验周期长。
3）检验成本高。
4）要求检验人员和检验设备较多。
5）较大的漏检率和错检率。由于检验人员长期重复检验的疲劳，工作枯燥，检验人员技术水平的限制，检验工具的迅速磨损，可能导致较大的漏检率和错检率。据国外统计，这种漏检率和错检率有时可能会达到10%到15%。
6）全检不适合破坏性的检验项目。

通常全检适用于以下几种场合：
1）精度要求高的产品和零部件。
2）下道或后续工序影响较大的尺寸部位。
3）手工操作比重大，质量不稳定的工序。
4）一些批量不大，质量方面无可靠保证的产品（包括零部件）和工序。
5）采用挑选型抽样方案时，对于不合格的产品，要进行100%的重检和筛选。

（2）抽样检验　抽样检验是按照数理统计原理预先设计的抽样方案，从待检总体（一批产品、一个生产过程等)取得一个随机样本,对样本中每一个体逐一进行检验,获得质量特性值的样本统计值,并和相应标准比较,从而对总体质量做出判断(接受或拒收、受控或失控等)。由于抽样检验只检验总体中的一部分个体,其优点是显而易见的。可以认为,全数检验的缺点或局限性恰恰是抽样检验的优点或长处。

(3) 零检验——免检 免检又称为无试验检验,主要是对经国家权威部门产品质量认证合格的产品或信得过产品在买入时执行的无试验检验,接收与否可以以供应方的合格证或检验数据为依据。免检产品的免检有效期为三年,在有效期内免于各地区、各部门、各种形式的质量监督检查,这是国家鼓励组织提高产品质量,提高产品质量监督检查的有效性,扶优扶强,避免重复检查的措施。

4. 按检验后检验对象的完整性划分检验方式

(1) 破坏性检验 有些产品的检验带有破坏性,就是产品检验后本身不复存在或是被破坏得不能再使用了,如炮弹等军工用品、热处理后零件的性能、电子管或其它元件的寿命试验、布匹的材料的强度试验等等,都是属于破坏性检验。破坏性检验只能采用抽检的形式,其主要矛盾是如何实现可靠性和经济性的统一,也就是寻求一定可靠又使检验数量最少的抽检方案。

(2) 非破坏性检验 非破坏性检验就是检查对象被检查后仍然完整无缺,丝毫不影响其使用性能,如机械零件的尺寸等大多数检验,都属于非破坏性检验。现在由于无损检查的发展,非破坏性检验的范围在扩大。

5. 按检验方法划分检验方式

(1) 理化检验 理化检验是借助物理、化学的方法,使用某种测量工具或仪器设备,如千分尺、游标卡尺、显微镜等所进行检验,理化检验的特点通常都是能够得到具体的数值,人为误差小。因此,有条件时,要尽可能地采用理化检验。

(2) 感官检验 感官检验也称官能检验,是依靠人的感觉器官来对产品的质量进行评价和判断。如对产品的形状、颜色、味道、气味、伤痕、老化程度等,通常是依靠人的视觉、听觉、触觉和嗅觉等感觉器官进行检查的,并判断质量的好坏或是否合格。官能检验又可以分为两类:

1) 嗜好型官能检验,如品酒、品茶及产品外观、款式的鉴定。这类由人的感觉本身作为判断对象的检验,这种检验往往因人而异,因为每个人的嗜好可能不同,如每个人都有不同的审美观,对同一事物,其判断的结果可能有所不同。也就是说,这类检验往往有较强的主观意愿。

2) 分析型官能检验,通过人的感觉器官进而分析判断被检测对象的特性。如要检测某一设备运转后主轴发热的程度,如果没有适用的温度计,就要通过检验人员用手抚摸的触觉来判断大致的温度。这就不是凭人的嗜好,而是凭人的经验来做出的判断。

(3) 试验性使用鉴别 试验性使用鉴别是指对产品进行实际使用效果的检验。通过对产品的实际使用或试用,观察产品使用特性的适用性情况。

6. 按检验人员划分检验方式

(1) 自我检验 自我检验是指操作工人对自己生产的产品或零部件的质量进行检验。目的是通过检验了解被加工产品的零部件的质量状况,以便不断调整生产过程生产出完全符合质量要求的产品或零部件。

（2）互相检验　互相检验是由同工种或上下道工序的操作者相互检验所加工的产品。这种方法能及时发现质量问题，这种方法有工序之间互助的精神，但目前比较难做到。

（3）专职检验　专职检验是指由企业质量检验机构直接领导，专职从事质量检验的人员所进行的检验。这种检验是依法进行，是检验员执行鉴别、把关、报告、监督任务，需要出具质量证明文件的，经质量检验合格，检验人员应出具这种文件；质量不合格的，应立即隔离。

质量检验方式的分类还有其他方法，在此就不一一举例。实际上，一种检验活动往往具有多种特征，因此可以同时属于多种检验方式。

二、质量检验的准备

要完成一项新的检验任务，必须从人员、资料、场地等各方面做好准备工作。

1. 准备资料

准备的资料由检验机构负责收集，主要有：

1）程序文件，包括产品质量检验计划、检验指导书、检验规程和流程图。
2）产品质量检验的依据。
3）产品质量检验纪录。
4）产品质量检验报表，有检验日报、月报、季报、年度报表等。
5）产品质量标志，包括合格品、不合格品、返工品、返修品、废品等的标志。

2. 准备人员

（1）准备质量检验技术人员　确定技术人员，明确分管产品的检验工作。接受任务后，该检验人员进行准备工作。检查质量检验准备的资料是否齐全，对该产品进行深入的了解（结构、构造、用途、加工工艺等），研究该产品质量的检验计划和检验依据，要弄清难点和疑点，不清楚的部分要与主管部门人员联系，统一认识，获得权威性的解释。

（2）准备检验员　检验人员接受任务后，要根据自己承担的检验任务做一些准备工作。了解产品的结构原理、构造及用途。研究检验依据，要把所有检验依据牢记在心，因为那是工作的依据。研究产品质量检验指导书和检验规程。熟练运用计量器具和所用的各种记录。熟悉检验场地。

检验人员在准备过程中遇到技术问题应向主管检验技术人员反映或请教。

3. 准备场地

检验产品的场地由质量检验机构去落实，要区分过程检验和最终检验的场地，对场地有环境要求的（如温度、湿度）要保证符合要求。对于不符合要求的场地，不能保证检验工作顺利开展的，检验员可以拒绝在此场地进行工作。

4. 准备计量器具

根据产品的需要准备检验计量器具，没有的要申请购买或自制。特别是新产品上市，要注意计量的检测能力，保证新产品的立足。

当前，许多组织的新产品开发速度很快，产品的技术含量很高，但检验能力跟不上，有些是产品制造出来了，而检测不了，或检测不准确，保证不了产品质量，这样的产品一上市不久就"砸锅"。许多科研单位有许多高级的检测手段，应向企业开放，实行有偿服务，但这样的服务是有限的，要立足于自己。当然不提倡小而全，要大而全，要协作，在搞协作中要保守技术和商业秘密。

三、质量检验的步骤

质量检验过程，应该按顺序严格进行，不能漏项也不能超越，应该按照图 5-1 所示的步骤进行。

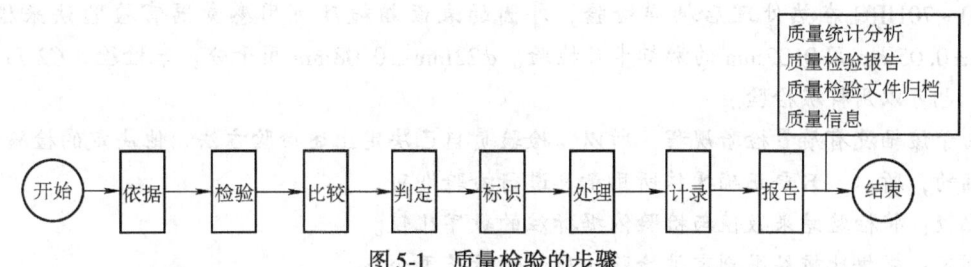

图 5-1　质量检验的步骤

1. 依据

依据就是和产品质量有关的法律法规。我国与产品质量有关的法律很多，主要有：

1)《中华人民共和国产品质量法》。
2)《中华人民共和国标准化法》。
3)《中华人民共和国计量法》。
4)《中华人民共和国商标法》。
5)《中华人民共和国广告法》。
6)《中华人民共和国合同法》。
7)《中华人民共和国进出口商品检验法》。
8)《中华人民共和国消费者权益保护法》。

检验员要把它彻底弄懂，这样才能知道怎么检验。

2. 检验

检验员详细分析检验依据图样，从图样上看懂需要检验的质量特性。

【案例】　一个轴类零件的质量检验

对图 5-2 所示的轴进行质量检验。

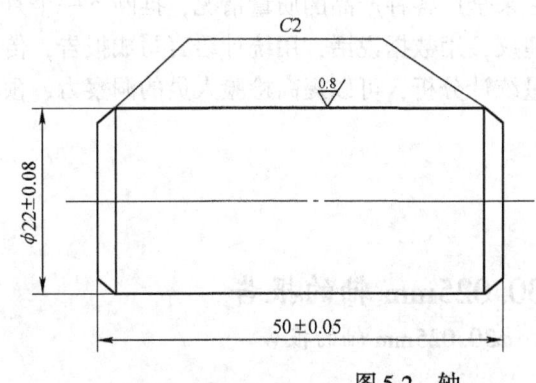

技术要求：
1. 材料 45 钢。
2. 调质 60~70HRC。

名称：小轴

数量：150 件

图 5-2　轴

从图形上看需要检验4项质量特性：$\phi 22mm \pm 0.08mm$、$50mm \pm 0.05mm$、$C2$和表面粗糙度$0.8\mu m$，从技术条件知要检验原材料45钢和热处理后的硬度60~70HRC。原材料是从材料库里领的，进货时已检验过，可以不用检验。

60~70HRC在热处理后抽样检验。外圆的表面粗糙度可用感觉器官检验法来检验。$50mm \pm 0.05mm$用$0.02mm$的游标卡尺检验。$\phi 22mm \pm 0.08mm$用千分尺来检验。$C2$用目测即可，也可以用样板检验。

由于该轴没有质量检验规程，所以，检验员自己决定上述检验方法。他决定的检验方法是正确的，所以，只要正确操作所用量具进行检验即可。

比较：将检验结果数值与检验依据标注的数字比较。

判定：根据比较结果判定被检验的质量特性是否合格。

3. 标识

检验结果判定后就要对工件进行标识，质量合格的发合格证，质量不合格的进行隔离，并在工件上贴好标记注明。

4. 处理

对质量合格的工件按规定往下进行继续加工或入库，不合格的进行隔离并妥善保管。

5. 记录

在检验过程中要及时记录检验时看到的现象和检验结果。

6. 报告

在检验过程中，检验员要每天进行报告工作情况。

7. 检验员报告

检验员每天用统计技术方法对自己当天自己检验的产品的检验结果数据进行汇总、统计、分析，用数据说话。

8. 质量检验技术人员报告

质量检验技术人员收到检验员的报告要及时审阅，不清楚的地方及时向写报告的检验员询问清楚。每隔一定时间对自己分管的产品质量用统计方法进行汇总、统计分析。

9. 质量检验机构负责人报告

每一个月，质量检验机构负责人用适宜的统计技术方法对一个月来全厂各种产品的质量进行汇总、统计、分析，描述一个月来全厂各种产品的质量情况，推断下一个月全厂各种产品质量发展趋势，并提出预防措施建议，用数据说话，用统计语言写成报告，传达给最高管理者，供他进行质量决策。通过质量统计分析，可以提高检验人员的洞察力、预测力和预警能力，更好地完成报告任务。

【案例】 $\phi 30mm \sim \phi 30.025mm$ 轴的报告

下面是一位检验员检验$\phi 30mm \sim \phi 30.025mm$轴的报告

质量检验报告(日报)

质量特性：$\phi 30mm \sim \phi 30.025mm$轴的检验结果数据(mm)，如图5-3所示。

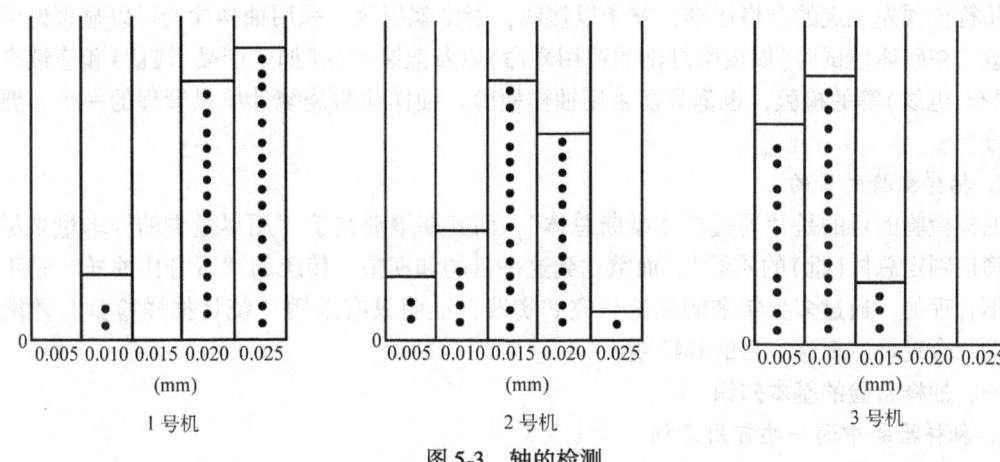

图 5-3 轴的检测

1 号机

0.016，0.017，0.016，0.023，0.021，0.017，0.019，0.022，0.023，0.024，0.016，0.022，0.023，0.016，0.008，0.023，0.016，0.021，0.018，0.023，0.016，0.019，0.024，0.017，0.016，0.021，0.022，0.024，0.023，0.007

2 号机

0.023，0.016，0.011，0.007，0.002，0.004，0.009，0.012，0.017，0.024，0.018，0.014，0.008，0.013，0.018，0.016，0.014，0.013，0.018，0.011，0.016，0.012，0.015，0.014，0.014，0.013，0.016，0.014，0.014，0.010

3 号机

0.014，0.009，0.007，0.004，0.001，0.009，0.013，0.014，0.006，0.002，0.005，0.007，0.004，0.003，0.009，0.008，0.001，0.007，0.002，0.004，0.006，0.007，0.003，0.008，0.001，0.009，0.002，0.006，0.003，0.006

分析：

今天三个车工班的1、2、3号机上白班，按质量检验规程规定，每号机随机抽取30件产品进行检验，质量都合格。从图中看到，1号机的尺寸往大的方向偏，3号机的尺寸向小的方向偏，稍不注意就会超差，请两位师傅注意；2号机的尺寸分布状态较好，尺寸集中在公差中限附近，明天请保持此状态。

检验员：×××
2007年8月9日

第二节 抽样检验

1. 抽样检验的概念

从一批产品中随机抽取少量产品（样本）进行检验，以判断该批产品是否合格的统计方法和理论，称抽样检验。它与全面检验的不同之处，在于全面检验需对整批产品逐个进行检验，而抽样检验则根据样本中产品的检验结果来推断整批产品的质量。如果推断结果认为该批产品符合预先规定的合格标准,就予以接收,否则就拒收。采用抽样检验可以显著地节省工作量。在破坏性试验(如检验灯泡的使用寿命)以及散装产品(如矿产品、粮食)和连续产品(如棉布、电线)等的检验,也都只能采用抽样检验。抽样检验是统计质量管理的一个重要组成部分。

2. 抽样检验的目的

抽样检验的目的是"通过样本推断总体",而其期望则在于"用尽量少的样本量来尽可能准确地判定总体(批)的质量"。而欲达到这一目的和期望,传统的"百分比抽样"是不科学、不合理的,通过多少年来的理论研究和实践,证明只有采用"统计抽样检验"才能保证科学、合理地实现这一目的和期望。

一、抽样检验的基本知识

1. 抽样检验中的一些常用名词

(1) 单位产品 单位产品是指为了实施抽样检验而划分的单位体或单位量。在测试或检验中,一般将每个样品叫做一个单位产品。单位产品有时可以自然地划分,如一批灯泡中的每只灯泡、一只螺钉、一双鞋。有时不能自然地划分的单位产品则根据具体情况给出单位产品的定义,如一尺布、一丈布甚至一匹布都可以作为一个单位产品。

(2) 样本 样本就是指我们从群体中(或批中)抽取的部分个体。抽取的样本数量常以 n 表示。根据统计原理,构成样本的各个单位产品应随机地取自总体,并互相独立,以便使样本的统计性能能够较好地反映总体的分布特征。

(3) 批的组成 构成一个批的单位产品的生产条件应尽可能相同,即由原、辅料相同,生产员工变动不大,生产时期大约相同等生产条件下生产的单位产品组成批。此时,批的特性值只有随机波动,不会有较大的差别。这样做,主要是为了抽取样品的方便及抽取样品更具有代表性,从而使抽样检验更为有效。如果有证据表明,不同的机器设备,不同的操作者或不同批次的原材料等条件的变化对产品质量有明显的影响时,应当尽可能以同一机器设备,同一操作者或同一批次的原材料所生产的产品组成批,构成批的上述各种条件,通常很少能够同时满足。如果想使它们都得到满足,往往需要把批分得比较小,这样品质一致,而且容易追溯。但这样做,会使检验工作量大大增加,反而不能达到抽样检验应有的经济效益。所以,如果产品品质时好时坏,波动较大,必须采用较小的批以保证批的合理。当产品品质较稳定时(如生产过程处于统计控制状态),采用大批量是经济的。当然,在使用大批量时,应当考虑到仓库场地限制以及不合格批的返工等可能造成的困难。

(4) 批量 N 一批产品中所包含的单位产品的总数称为批量,通常用 N 表示。对批量大小没有特殊的规定,一般质量不太稳定的产品以小批量为宜。而生产过程稳定的产品批量可适当大一些,但不宜太大。批量太大时一旦出现误判,造成的损失也很大。

(5) 批质量的衡量

1) 计数法。计数法又包括以百件产品中的不合格品数为质量指标的计件法和以百件产品中的不合格(缺陷)数为质量指标的计点法。

2) 计量法。计量法是根据质量特性值所计算的分布特征值来评定批质量水平的,根据特征值的不同又可分为平均值法和标准偏差法。

(6) 不合格 在抽样检验中,不合格是指单位产品的任何一个质量特性不符合规定。根据质量特性的重要性和未满足要求的程度,将不合格分为三类:

1) A 类不合格。单位产品的极重要质量特性不符合规定，或单位产品的质量特性严重不符合规定，称为 A 类不合格。

2) B 类不合格。单位产品的重要性不符合规定，或单位产品的质量特性严重不符合规定，称为 B 类不合格。

3) C 类不合格。单位产品的一般质量特性不符合规定。

（7）不合格品　有一个或一个以上不合格的单位产品，称为不合格品。与三类不合格相对应的不合格品有下列三类：

1) A 类不合格品。有一个或一个以上 A 类不合格，也有可能有 B 类不合格或 C 类不合格的单位产品，称 A 类不合格品。

2) B 类不合格品。有一个或一个以上 B 类不合格，也可能有 C 类不合格，但没有 A 类不合格的单位产品，称 B 类不合格品。

3) C 类不合格品。有一个或一个以上 C 类不合格，但没有 A 类不合格，也没有 B 类不合格的单位产品，称 C 类不合格品。

（8）一批产品的不合格品率　一批产品的不合格率可通过下式来计算，即

$$p = \frac{D}{N} \times 100\%$$

式中　p——不合格率 N；

　　　D——批产品中不合格品的个数；

　　　N——批产品的总数。

2. 抽样检验的步骤

1) 抽样。需要研究是怎样抽和抽多少的问题。

2) 检验。应在统计抽样检验理论的指导下，采用具有一定测量能力的设备和正确的方法进行检验。

3) 推断。根据对样本的检验结果来推断总体(批)的质量水平。其中抽样和推断法则就构成了抽样方案，即抽多少和怎样判断。

3. 抽样检验的标准

为了使抽样检验工作规范化，世界各国和国际标准化组织先后制定了各自的质量检验标准，我国于 1981 年开始了抽样检验的标准化工作，颁布了多项检验标准。在这些标准中有些是强制标准，有些是推荐标准。

二、抽样检验方案

1. 抽样检验方案的定义

抽样检验方案(简称抽样方案)是一套规则，依据它去决定如何抽样(一次抽或分几次抽,抽多少)，并根据抽出产品检验的结果决定接收或拒绝该批产品。

在确定了一个抽样方案后，可以计算具有指定质量指标（如批不合格品率 p）的一批产品被接收的概率，接收概率 $L(p)$ 是 p 的函数，称为抽查特性函数，简称 OC 函数，其图形称为抽查特性曲线(OC 曲线)，如图 5-4 所示。

实际问题中，常要求设计一个抽样方案，使它具有所需

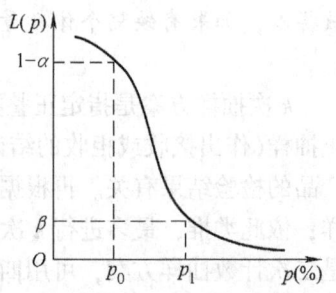

图 5-4　抽查特性曲线

要的抽查特性。例如，若以批不合格品率 p 为质量水平，根据生产方的生产水平和使用方对产品的要求，可以确定两个质量水平 p_0、$p_1(p_0 < p_1)$，而要求所设计的抽样方案有如下性质：当 $p \leq p_0$ 时，以高概率（大于或等于 $1-\alpha$）接收整批产品；而当 $p \geq p_1$ 时仅以低概率（小于或等于 β）接收整批产品。通常称 α 为生产方风险，β 为使用方风险；p_0 为生产方风险质量，p_1 为使用方风险质量。除此之外，也可以根据其他形式的要求来设计抽样方案。例如，挑选型抽样方案中要求经检验后的平均质量水平（称为平均检出质量）达到一定的数值。

按指标性质可分为计数抽样方案与计量抽样方案两类。前者对每个产品只区分为合格或不合格，然后根据样本中不合格品的数目，按预先规定的判断规则决定接收还是拒收该批产品。这种方案比较容易实施，使用较广泛。计量抽样方案则需要测定样本中每个产品的一个或多个定量指标（如尺寸、质量、强度及寿命等），据此计算适当的统计量的值，再按预先规定的判断规则来决定是否接收这批产品。它对检验员及检验设备要求较高，计算也较复杂，使用不如计数方案广泛。但是计量抽样方案可以较多地利用样本提供的信息，故为达到同样的检验效果，所需的样品个数比计数抽样方案一般要少。

按抽取样本的方式，抽样方案又可分为一次、二次、多次及序贯抽样方案。若事先指定一个正整数 n，从批中抽出 n 个产品进行检验，称为一次抽样方案。一次计数抽样方案中，接收或拒收整批产品，取决于样本中的不合格品数 x，若 x 不大于事先指定的 c（c 也称为接收数），则接收整批产品，否则拒收。这种一次计数抽样方案可用两个参数 (n, c) 来描述，其实施程序如图 5-5 所示。

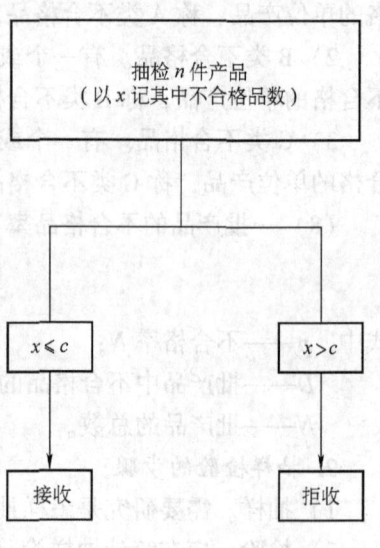

图 5-5　一次抽样方案

【案例】　通过查表的方式制订一次抽样计划

假定，某批零件的到货批量为 1000 件，接收质量水平 AQL 为 2.5%。设计抽样计划。

查表得到批量为 1000 的样本容量字母代码为 J，再从表中根据字母代码 J 和接收质量水平 2.5% 查到对应的样本容量为 80，接收数量标准为 5，拒绝数量标准为 6。由此得到的抽样计划为：抽样检验的样本容量为 80，如果样本中有缺陷个体的数量小于或等于 5，就接收该样本，如果有缺陷个体数量大于等于 6，则拒绝该样本。

k 次抽样方案是指定正整数 n_1，从批中抽出 n_1 个产品进行检验；根据检验结果决定终止抽样（作出接收或拒收的结论）或继续抽取 n_2 个产品，其中 n_2 可以事先指定也可与已抽出产品的检验结果有关。再根据这两次 $n_1 + n_2$ 个产品检验的结果，决定终止抽样或者继续抽样；依此类推，最多进行 k 次就必须作出是否接收的决定。例如，有一种道奇—罗米格方案是二次计数抽样方案，可用四个参数 $(n_1、n_2、c_1、c_2)$ 来描述。第一次抽样取 n_1 个产品，若其中不合格品数 x_1 不大于 c_1 或大于 c_2 ($c_1 < c_2$)，则终止抽样，并分别作出接收或拒收该批之

结论；$c_1 < x_1 \leqslant c_2$，则再抽出 n_2 个产品，若这 $n_1 + n_2$ 个产品中的不合格品总数 x_2 不大于 c_2，则接收该批产品，否则拒收，如图5-6所示。序贯抽样方案相当于 k 次抽样方案在 $k \to \infty$ 的情形，即可能的抽样次数事先不加任何限制。

根据应用的场合不同，抽样方案又有标准型、挑选型、调整型和连续型等区分。标准型抽样方案适用于孤立的一批产品的检验。挑选型抽样方案用于以下情况：对不合格的批可以进行全面检验，并以合格品替换所有检出的不合格品后，再进行交付。调整型方案则要根据最近检验过的若干批的质量变化，采取适当的调整措施，例如，在正常情况下采用一个正常的抽样方案，当批质量明显变劣或确有提高时，则分别换用一个加严或放宽的抽样方案等。所以，调整型抽样方案不是一个孤立的抽样方案，而是用一组调整规则联系起来的几个抽样方案的组合。

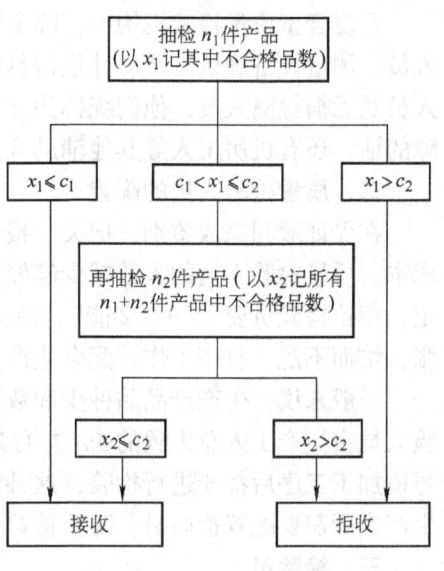

图5-6　二次抽样方案

2. 抽样技术（取样方法）

1）单纯随机抽样，即完全随机，无限制。一般多利用乱数表或抽样球。

2）系统抽样，即按一定的时间/数量间隔抽样。

3）分层抽样，即先分层后再抽样。

4）曲折抽样，即希望减少系统抽样因周期性而发生偏差等缺点所采用的方法。可视为随机抽样，但较复杂，具有规则性。

5）区域抽样。群体如一大箱物品，箱中有数十个小盒，每一小盒装有若干物品。为抽样之方便，可自数十个小盒中随机抽取若干样本盒，然后就各样本盒进行全数检验。这方法如社会调查时分为城镇或乡村取样，故称为区域抽样。适用前提：区域内变异大，区域间变异小。与分层抽样刚好相反。

6）分段抽样，即先采用区域抽样，再从样本单位中随机抽样。可有两段、多段之分。

7）反复抽样，即在同一检验批内作一次以上的抽样来推定群体品质的抽样方法。一般用在抽样检验中之双次、多次或逐次抽样。

第三节　质量检验人员

组织的质量检验机构担负鉴别、把关、报告、监督任务，能否完成这些任务，质量检验人员起着决定性的作用。因此，不仅要明确他们的工作任务、责任和权限，而且要提出相应的素质要求，并不断对他们进行教育和培训。

一、质量检验人员的组成

在单一型质量检验机构中，机构人员主要包括检验机构负责人、机构的行政管理人员、质量检验技术人员（含检验工人技师）、质量统计分析信息员、质量检验工人（俗称检验员）。

在复合型质量检验机构中,除上述人员外还包括计量负责人、计量技术人员、计量测试人员、测量设备确认人员、计量器具修理人员、计量检定人员、理化检测负责人、理化检测人员及无损检测人员,他们统称为计量理化人员。如果计量室要集中恒温恒湿,要机器房保障的话,还有机房工人等其他辅助人员。

二、质量检验人员的配置

在保证顺利完成鉴别、把关、报告、监督任务和及时配合生产的前提下,为了降低鉴定成本,质量检验人员的人数越少越好。质量检验队伍的人数少而精。质量检验队伍要相对稳定,每位检验员要"一专多能",适应各种工种的检验需要,做到整个检验工作人少而不紧张,忙而不乱,有序工作,配合生产。

一般来说,生产产品品种少和数量小,而且生产过程受控、产品质量稳定的情况下,检验人员占生产工人总人数的5%左右为宜,反之,检验员占8%左右为宜。有些特殊产品在每道加工工序后都要进行检验,这种情况下,检验员占生产工人人数的一半。所以,要根据生产实际需要配置检验员,防止检验力量过剩或不足。

三、检验员

检验员工作在生产第一线,既要当好检验员,又要当好质量宣传员和生产技术指导员,但往往又是"单兵作战",所以,在思想素质、身体素质、技术素质、管理素质、知识和经验等方面都有较高要求。我们的中专毕业生在毕业后到生产中劳动实习2~3年,综合素质优良的员工可以招聘为检验员。

1. 检验员的素质要求

(1) 具有适应本工作岗位的身体素质　有些检验岗位要求要有一定的体力,有些检验工作还要进行繁重的体力劳动。检验工作是脑力和体力并用的工作,拥有健康的身体是搞好一切工作的前提条件之一。

(2) 具有较高的敬业精神和质量意识　检验员要当好三个代表和四大员,检验员代表国家、企业和顾客的利益,把好产品质量关;当好质量检验员、质量宣传员、技术指导员、质量监督员。工作是光荣而艰巨的,应该感到自豪,要珍惜工作岗位,要勤勤恳恳,任劳任怨,钻研技术,实事求是,虚心谨慎,团结友爱,树立"质量第一"的思想,要有当好"质量卫士"的决心,为质量检验事业献身。

(3) 具有守法意识和执法能力　检验过程就是执法过程,所以,检验员要有守法意识和执法能力,要做守法和执法的模范。除遵守国家的行政法律法规外,在检验中要执行国家、行业、地方和本组织的有关质量的法律法规,严格按照检验指导书进行检验,按产品质量检验依据进行判定,做到有法必依,执法认真,违法必究,依法检验,依法判定,依法把关,依法监督。

(4) 具有一定的文化水平　随着科技的进步,生产的发展和人们的生活水平的不断提高,产品品种越来越多,产品更新换代步伐越来越快,技术含量越来越高,质量要求越来越严格。为了适应这种形势的需要,要求每个检验员要具有一定的文化水平,有一定的文字表达能力和口头表达能力,要会看懂所检验产品的技术资料、文件;会正确进行数值修约和对异常值进行检验、进行误差分析;会正确应用适宜的统计技术方法对检验结果进行统计分析,写出检验结果报告;要有自学能力,不断提高检验技术。

(5) 具有生产技术知识　检验员要了解所检验产品的结构、用途、技术要求和生产工艺过程，只有这样，在检验中才能判定产品质量，分析产生质量问题的原因，对生产工人进行指导。

（6）正确而熟练使用计量器具　计量器具是检验员的"武器"，是检验中的"眼睛"，除了要十分爱护它外，还要熟悉了解所用计量器具的构造原理、性能、适用范围，并且会正确而熟练地使用和维护保养它，还要会正确选择计量器具，但不允许拆卸计量器具。

除了以上所说的基本素质之外，检验员每天应该用适宜的统计技术方法对自己的检验结果数据进行汇总、整理、统计、分析，用数据说话，用统计的语言描述今天所检验产品的质量分布情况，推断明天该产品质量的变化趋势，写成书面材料报给班（组）长，班（组）长审阅后报给主管质量技术人员，该人员收到后应立即审核，如果有问题和不祥之处，立即（或第二天）向写该报告的检验员核实，做到质量情况"日理日清"。

2. 检验员的工作任务

1) 实行首件"三检"制度。生产工人自检、班组长（质量员）互检、检验员专检。三检均合格后才允许批量生产。在正常生产中，生产工人自检合格后才交给检验员进行检验。

2) 规定有巡回检查的，负责巡回检验的检验员应按规定的路线、周期、程序、项目、检验依据进行检验，并做好详细检验记录。对检验不合格者应按规定进行处置，如加倍检验，并找出造成不合格的原因，解决原因后直到加工出质量稳定的合格品为止。

3) 对加工完毕的产品，按检验依据规定进行全面的质量检验，质量合格后方能转入下道工序，严格把好质量关。

4) 产品装配时，按检验依据和装配程序进行全面检验和监督，并做好详细记录和标识。

5) 包装质量检验，是检验中的最后一道关口，要检验产品的标志、附件、随机文件等内容。产品检验合格后签发合格证。

6) 执行领导临时下达的各种检验任务。

3. 检验员的责任

1) 经过首件检验造成批量不合格品，检验员负责错检或误判的责任。检验员应在经过自己检验合格的首件上进行标识，如打上自己的工号钢字。

2) 不按规定的路线、周期、程序、项目和检验依据进行巡回检验而发生批量不合格品，检验员负责漏检的责任。对经过检验的产品标识不清楚负责。

3) 检验员未严格按照检验依据和检验指导书进行检验，未做到采样正确、操作规范、记录齐全、计算无误、结论正确、报告正规负责。

4) 检验员对自己检验结果的准确性和记录的正确性负责。如果被检验项目是用计量数值表示，则检验结果要写出实测结果的数值，然后进行判定，不准只写"合格"或"不合格"，或"√"或"×"或其他符号。

5) 检验员对自己错检、漏检和误判负责。

6) 对没有正当理由压检而影响生产负责。

4. 检验员的权限

1) 有权拒绝使用质量不合格和超过检定周期的计量器具，有权拒绝使用失效的产品质量检验依据。

2) 有权拒绝与生产工人共用一张图样。

3）有权拒绝与生产工人共用一件计量器具。

4）在生产线上提交的在制品经检验不合格，而又无控制措施，继续生产将会造成不合格品时，有权拒绝检验，并立即报告本机构负责人。

5）生产工人违反工艺纪律加工的产品，有权不予检验。

6）未经办理批准代用手续的外资物资，在未按规定程序得到妥善处理之前，有权不予检验。

7）对经过检验不合格的产品，有权不签发质量检验合格证书。

8）有权隔离不合格品，无权处理不合格品（除授权者外）。

9）生产工人未自检产品合格的产品，有权拒绝检验。

10）有权与有关部门共同监督工艺纪律。

11）有权越级反映质量问题。

12）在工作中杜绝了重大质量问题和质量事故，为提高产品质量作出显著贡献时，有权要求本机构予以奖励。

课 后 拓 展

1. 在检验科，审核员查阅《产品质量管理制度》时看到制度规定：每个车间没有专职检验员一名。审核员问检验科长："这是什么意思？"科长仔细看了一遍，笑着说："可能打字员把'设有'打印成'没有'了。"审核员看到，该文件批准栏内有总经理批准的签字。

上面的案例看起来似乎是一则笑话，并互相关笑话时有发生，因为领导在签字时根本没有认真地把文件再看一遍。组织的质量管理体系文件是受控文件，是组织的法规性文件，各级员工必须认真遵照执行。

将来你或许会成为企业的骨干力量，或许会成为一名出色的企业家，在你把控的事项上一定要严格，不要出现类似的笑话。

2. 如果将来你成为一名检验员，你将如何履行你的职责呢？

第六章

制造业过程质量控制

制造业是国民经济建设的基础。在激烈的市场竞争中，制造业要生存，要不断设计制造出顾客满意的产品，就必须狠抓产品形成过程的质量控制。

制造是一个过程，由于产品不同，制造过程相差很大。例如，螺钉产品的制造过程只要几道工序就能生产出来，而飞机产品的制造过程则需要很多道工序才能生产出来，汽车产品的制造过程比飞机的制造过程又简单了些。螺钉、飞机和汽车，它们均属于制造业产品，尽管它们的制造过程的复杂程度不同，但它们的制造过程是相同的，均是从产品设计开发开始，到出厂销售及售后服务为止。

由于制造业产品的制造过程相同，所以，过程质量控制原理相同，只是控制工作的复杂程度不同而已。

▶▶▶ 第一节 产品设计开发过程质量控制

一、产品设计和开发过程质量控制的重要意义

产品质量是通过市场研究进行策划，由设计确定，通过制造来实现和保证，通过检验来证实，到使用中才体现出来的。因此，设计和开发水平是产品性能优劣的根本。

加强设计和开发过程质量控制的意义主要体现在以下几点：

（1）设计和开发过程的质量控制是源头管理　产品的固有质量水平是由设计确定的。如果设计水平低，即使生产的产品100%合格，产品仍是落后的，"先天不足"是不会有好产品的。因此，抓住了产品的设计和开发，就抓住了源头。

（2）设计和开发是实施系统管理的基础　产品的设计和开发属于创造性劳动，与生产过程相比较具有较大的风险。因此，加强设计和开发过程的质量监控，实施系统管理，分阶段严格把关，提高设计和开发的成功率，避免重大重复，可以大大节省成本。

（3）贯彻"预防为主，一次成功"的指导思想　在设计和开发新产品过程中，要尽可能采用先进技术和管理方法，做好早期报警的控制，并尽早解决，做到防患于未然。

二、设计评审控制的目的和要求

设计评审、工艺评审和产品质量评审统称为产品设计和开发过程的三大评审。三大评审通过了，产品设计和开发工作才告一段落。

设计评审是在设计和开发过程决策的关键时刻，全面、系统地检查设计输出是否满足设计输入的要求，发现设计中存在的缺陷和薄弱环节，提出改进措施的要求。

1. 设计评审的目的

通过发挥集体的智慧发现设计中的问题，降低下一阶段工作的风险。

2. 设计评审的要求

1) 应根据设计和开发总要求进行分级、分阶段的设计评审。
2) 设计评审的结论是产品设计和开发管理决策的重要依据。
3) 设计评审作为产品设计和开发程序中的组成部分，应纳入设计和开发计划，从时间、经费、工作条件等方面予以保证。
4) 设计评审应有完整的记录，评审结论应形成文件，并及时归档。
5) 评审中确认的问题及改进措施建议，由组织的有关职能部门负责分析处理，实行跟踪管理，对没有采取措施的问题，应进行分析、论证，在下一阶段评审时用书面文件说明。
6) 若合同对此有要求时，应将评审结论和跟踪的结果向顾客通告。

三、设计评审的组织和类型

1. 设计评审的组织

1) 设计评审由产品设计和开发的组织负责实施，该组织的质量管理部门负责监督。
2) 设计评审组设组长1人，副组长1~2人。组长由有关的技术负责人担任，主持评审工作。
3) 评审组成员的人数，应根据被评审项目的重要性、复杂程度、专业面、接口关系等因素综合考虑确定。
4) 评审组成员应由熟悉产品、能覆盖被评审项目技术要求的各有关方面的专家组成。
5) 评审组的主要职责是确定评审内容，审阅评审资料，评价设计满足相关要求的情况，发现设计薄弱环节和缺陷，提出改进措施建议，提出设计评审的结论。
6) 被评审产品设计师应参加评审会议，汇报设计和开发情况，提供评审所需资料和数据，参加讨论和答疑，但不能作为评审组成员。

2. 设计评审的类型

1) 按产品设计和开发阶段，设计评审可分为方案阶段的设计评审，工程设计和开发阶段的评审，定型阶段的设计评审。
2) 按产品的功能级别或管理级别，设计评审可分为系统级设计评审，分系统级设计评审，设备或整机级设计评审。

由于产品特点不同，不同级别设计评审的具体内容也不同。应根据产品所处的设计和开发阶段，结合产品的特点，规定相应级别的设计评审具体要求。

四、设计评审的程序

1. 准备工作

设计师应根据设计评审计划及设计和开发工作实际进展情况，当具备设计评审条件时应提交设计评审申报文件，包括《设计评审申请报告》、《产品设计工作报告》、提供其他评审主要资料清单、对设计评审计划安排的建议。

评审资料应提前5天送交评审组，以便评审组成员事先审阅。

2. 评审的实施

1) 召开评审会。
2) 评审组长负责填写《设计评审报告》，评审组长及成员签名。

3）评审中发生不同的意见，经充分讨论仍不能取得一致时，可保留意见，由持保留意见者填写《设计评审保留意见表》。

4）如设计和开发任务书和(或)合同有规定，设计评审结论需送顾客确认且应在设计评审结束后及时将《设计评审报告》送给顾客确认。

5）设计评审中被评审的文件、设计评审申请报告、设计评审报告等有关资料应整理归档。

6）产品设计和开发的组织应对设计评审中提出的问题及措施建议进行分析研究，对需要改进的应制订相应的措施，并组织落实。

7）重点产品正式评审前应进行预评审。

3. 设计评审的监督

质量管理部门负责对设计评审工作进行监督，职责如下：

1）监督按规定的标准、计划和程序进行设计评审。

2）监督设计评审意见和建议的确认和落实情况，进行跟踪管理，并将结果报评审组织部门。

3）监督与设计评审结论有关的设计文件的更改、审鉴、资料归档工作。

4）设计评审能影响设计决策，但不能替代设计决策，不改变规定的技术责任制。

5）设计评审中发现的问题要及时改进，若这时改图只花1元钱，而到使用中发现这个问题，再改则要花1000元。

【案例】 决策决定效益

一个正确的决策为组织盈利100万元，如果失去了机遇，没有作出及时的决策，这个决策的成本就是100万元；如果做出了一个错误的决策，不仅没有赚到100万元，反而亏损了100万元，那么，这个错误的决策成本就是200万元。

▶▶▶ 第二节　工艺评审控制

一、工艺评审的目的和要求

1. 工艺评审的目的

工艺评审的目的，首先是产品设计和开发单位及早发现和纠正工艺设计中的缺陷，防止下一阶段工作造成损失，其次是为批准工艺设计提供依据。

2. 工艺评审的要求

1）对产品的工艺设计，应列入产品设计和开发计划，组织工艺评审。未按工艺要求进行工艺评审或评审未通过，则不得转入下一阶段。

2）在各项工艺设计文件付诸实施前，对工艺设计的正确性、可靠性、先进性、经济性、可行性、可检验性进行分析、审查和评议。

3）工艺评审的依据包括产品设计资料、设计和开发任务书及合同、有关的法规、标准、规范、技术管理文件和质量管理体系程序。

4）工艺评审的重点对象是工艺总方案、工艺说明书等指令性文件、关键件、重要件、关键工序的工艺规程和特殊过程的工艺文件。

5）工艺评审的结果应形成文件并归档。

二、工艺评审的组织和内容

1. 工艺评审的组织

1）工艺评审组设组长1人，副组长1~2人，成员若干人。

2）评审组组长由有关技术负责人担任。

3）评审组的组成成员包括，有关技术人员和专家（不请竞争对手的人员和专家），影响被评审阶段质量的所有职能部门代表，合同有规定邀请的顾客。

2. 工艺评审的内容

工艺评审的内容较多，它包括以下几方面：

（1）工艺总方案的评审内容

1）对工艺总方案的正确性、可靠性、先进性、可行性、可检验性、经济性和制造能力进行评审。

2）对产品的特点、构造、特性要求的工艺进行评审。

3）对产品制造工艺路线进行评审。

4）满足产品设计要求和制造质量进行评审。

5）对工艺装配、检验设备，以及产品数控加工和计算机软件的选择、鉴定原则和方案进行评审。

6）对制造过程中产品技术状态的控制进行评审。

7）对材料消耗定额的确定及控制进行评审。

8）对产品设计和开发的工艺准备周期计划，以及实施过程的费用预算和分配进行评审。

9）对工艺薄弱环节及技术措施进行评审。

10）对工艺标准化程度进行评审。

（2）工艺说明书的评审内容

1）对文件的完整、正确、统一、清晰、协调性进行评审。

2）对产品制造过程的工艺过程、工艺参数和工艺控制要求的正确性、合理性、可行性、经济性进行评审。

3）对操作工人、检验员的资格控制要求进行评审。

4）对资源、环境条件目前尚不能适应工艺要求的情况，所采取的相应措施的可行性、有效性、经济性进行评审。

5）对文件及其更改是否严格履行审批程序，更改是否经过充分试验、验证进行评审。

（3）关重件及关键工序的工艺文件评审内容

1）对关重件（关键件和重要件的统称）及关键工序的方法和工艺流程以及质量控制要求的合理性、可行性、经济性进行评审。

2）对关键工序确定的正确性及关键工序目录的完整性进行评审。

3）对关重件及关键工序的工艺文件是否有明显的标识，以及质量控制点设置的合理性进行评审。

4) 对关键工序技术难点攻关措施的可行性、有效性、经济性进行评审。
5) 对关重件及关键工序工艺文件的更改是否经过验证并严格履行审批程序进行评审。

(4) 特殊过程工艺文件的评审内容
1) 对特殊过程工艺文件与工艺说明书、质量管理体系程序的协调一致性进行评审。
2) 对特殊过程工艺试验和检验的项目、要求和方法的正确性进行评审。
3) 对特殊过程技术难点攻关措施的可行性、有效性、经济性进行评审。
4) 对特殊过程工艺参数的更改是否经过充分试验、验证，并严格履行审批程序进行评审。

(5) 采用新事物的评审内容
1) 对采用新原理、新工艺、新技术的必要性和可行性，新材料加工方法的可行性，以及所选用设备的适应性、经济性进行评审。
2) 对所采用的新原理、新工艺、新技术、新设备是否经过鉴定合格，是否有质量证明文件进行评审。
3) 对对操作工人、检验员的资格控制要求进行评审。
4) 对是否有采用新原理、新技术、新材料、新设备的措施计划和质量控制要求进行评审。
5) 对新原理、新工艺、新技术、新材料、新设备采用前，是否经过检验、验证，表明符合规定要求，是否有完整的原始记录进行评审。

三、工艺评审的程序

1. 准备工作

1) 申请工艺评审的单位写出《工艺设计工作总结》。
2) 由工艺项目负责人提出《工艺评审申请报告》，经工艺评审归口管理部门审查后，报技术负责人批准。
3) 申请报告经批准后，由工艺评审归口管理部门组织评审。
4) 工艺项目负责人提前5天向评审组提供评审依据和工艺设计的有关资料和文件。

2. 评审的实施

1) 评审组长主持召开评审会议。
2) 工艺项目负责人在评审会上介绍《工艺设计工作总结》。
3) 评审组成员根据评审要求的评审依据和有关评审内容进行评审。
4) 评审采取汇报、审议、答辩、分析和现场抽样跟踪的方式，找出工艺设计上的缺陷，对存在的问题提出改进建议。
5) 评审组长在集中评审意见的基础上作出可否付诸实施的评审结论，并提出存在的主要问题及改进建议，从技术和质量保证的角度对该项工艺设计作出评价。
6) 编制《工艺评审报告》。
7) 评审组成员对《工艺评审报告》的评审结论有不同意见时，应写在保留意见栏内签字。
8) 工艺部门认真分析《工艺评审报告》提出的主要问题及改进建议，制定措施，完善工艺设计，经技术负责人审批后组织实施。
9) 工艺评审形成的文件资料应作为质量记录按规定归档和保存。

3. 工艺评审的监督

工艺项目负责人对评审意见如不予采纳时，应阐明理由，经技术负责人审批记录在案。

【案例】 切尔诺贝利核电站泄漏事故

1986年4月26日，前苏联乌克兰地区基辅以北130公里的普里皮亚特市的切尔诺贝利核电站，在进行一项实验时，核电站4号反应堆发生爆炸，造成30人当场死亡，8吨多强辐射物泄漏。此次核泄漏事故使电站周围6万多平方公里土地受到直接污染，320多万人受到核辐射侵害，酿成人类和平利用核能史上的一大灾难。事故发生后，前苏联政府和人民采取了一系列善后措施，清除、掩埋了大量污染物，为发生爆炸的4号反应堆建起了钢筋水泥"石棺"。此外，距离核电站30公里以内的地区还被辟为隔离区，很多人称这一区域为"死亡区"。据一些西方专家估计，这一事故将给数百万苏联人埋下致命祸根。建立在白俄罗斯国家科学院研究成果上的报告说，全球共有20亿人口受切尔诺贝利事故影响。27万人因切尔诺贝利核泄漏事故患上癌症，其中致死9.3万人。原苏联专家在总结这起核电站事故的教训时指出，有关人员玩忽职守、粗暴违反工艺规程是造成事故的主要原因。

第三节 产品质量评审控制

产品质量评审是在设计和开发的产品经过验证符合设计和开发的规定要求之后，交付分系统之前，对其质量及其制造过程的质量保证工作进行的评审。

产品质量评审的目的是为决策提供咨询。

一、产品质量评审的组织和内容

1. 产品质量评审的组织

产品质量评审由技术负责人组织实施，质量管理部门负责监督。

评审组的组成如下：

1) 评审组设组长1人，副组长1~2人，成员若干人。
2) 评审组长由承制单位技术负责人担任。
3) 评审组由下列人员组成：
① 同行专家和专业技术人员（不请竞争对手的人员参加评审）。
② 设计、工艺、质量检验、质量管理、生产等部门代表。
③ 合同有规定时，应请顾客代表。
④ 必要时可邀请有关外协、外购件承制单位代表，列出评审组名单。

2. 产品质量评审的主要内容

1) 新原理、新工艺、新技术、新器材、新设备的采用。
2) 设计评审、工艺评审及首件鉴定结论。
3) 产品性能、可靠性、安全性和维修性及符合性。

4）质量凭证、原始记录和产品档案的完整性。
5）产品工程设计更改控制。
6）外购产品质量管理。
7）产品代用材料处理。
8）执行质量保证文件的情况。
9）产品对环境的适应性及符合性。
10）产品的经济性分析。

将上述 10 项内容展开列成表格，评审中按表审查，这样容易做到"不重复，不遗漏"。

二、产品质量评审的程序

1. 准备工作

由项目负责人向承制单位主管领导提出产品质量评审申请报告，申请报告经批准后，组织评审组并制订评审工作计划。

2. 产品质量评审的实施

1）申请评审单位提前 5 天向评审组提供文件和资料。
2）组长主持召开评审会议，参加会议的评审组成员要签名。
3）在评审会上项目负责人向评审组作产品研制质量报告，其内容主要包括：
① 所设计和开发产品制造过程质量保证工作的执行情况。
② 产品质量的自我评价。
③ 设计和开发过程中主要问题分析及纠正措施落实情况。
④ 产品经济性分析。
4）审查产品研制质量报告，项目负责人作解答和说明。
5）要记录评审过程和重点审查的问题，评审组长根据评审成员的意见，综合总结出正式的评审书面文件。

3. 产品质量评审的监督

质量管理部门要监督整个产品质量评审过程。
1）评审未通过的产品，不准转入下一阶段。
2）对评审组提出的问题和建议，督促有关部门制订纠正措施，组织落实。
3）监督评审中形成的各种文档归档。

【案例】 深宝三井严控产品质量

"质量无小事"，深宝三井安全产品从生产链的源头抓起，公司对产品原辅材料的采购严格按照 ISO 质量体系要求，有效制订了可行的《采购控制程序》和《供方评价标准》，对供应商进行评级、评审，依据原辅材料的质量要求和其他各项要求进行采购，从采购、技术检验、配送管理等环节上从严把关，保证合格的原辅材料投入生产。在采购原则上第一是保证质量，第二才考虑价格。虽然因此成本增加了，但质量保障了，品牌的知名度提升了，销量增加了，综合效益也提高了。

第四节　首件鉴定控制

所谓首件鉴定，是指按照设计图样等技术文件的要求，对试制和批量生产的第一件半成品和成品进行全面的检查、考核，以确定生产过程能否生产出符合设计要求的产品。

1. 首件鉴定的意义

首件鉴定合格并经过认可，是产品质量评审的条件之一。首件鉴定合格说明其制造过程的质量保证工作有保障，生产过程能保证产品质量。

2. 首件鉴定的目的和要求

（1）首件鉴定的目的　首件鉴定的目的是对其制造过程的质量保证工作进行评审。

（2）首件鉴定的要求　为了分清生产工人和检验员的质量责任，在质量检验工作中有一条规定：未经首件检验造成的不合格品由生产工人负责；经首件检验造成的批量不合格品，检验员负错检或误判责任。

3. 首件鉴定的组织和内容

在正常生产中，首件检验由检验员一个人就可以完成，而首件鉴定要一个小组来完成。

（1）首件鉴定的组织　首件鉴定工作由组织的工艺部门负责组织，质量管理部门负责监督。工艺部门的负责人负责组建首件鉴定小组，并担任组长。由下列人员组成首件鉴定小组：

1）有关质量管理人员。

2）有关设计、工艺等专业技术人员。

3）生产现场有关人员。

4）质量检验人员。

5）按合同规定请的顾客。

（2）首件鉴定的内容　首件鉴定从监督制造开始，对生产过程中的人、机、料、法、测进行全面的检查、考核，并对首件的实物质量进行检验，均符合设计图样和技术文件的要求，才算首件鉴定合格。

首件鉴定的内容有：

1）人：检查生产首件的工人是否有上岗证。

2）机：检查生产首件的设备是否符合规定的要求，是否处于工作状态。

3）料：检查用于生产首件的外购产品（如原材料）是否符合规定的要求。

4）法：检查用于生产首件的工艺技术文件是否正确、完整、协调和有效；是否有随产品周转的路线卡。

5）环：检查生产首件的环境是否符合规定的要求。

4. 首件鉴定的程序

（1）准备　技术部门编制《首件鉴定记录》，送给质量管理部门和质量检验机构会签。如合同有规定，应送顾客会签。编制目录应注意：

1）首件鉴定应至少包括关键件、重要件和含有关键工序的工件。

2）标准件和借用件不列入首件鉴定范围。

3）生产部门根据《首件鉴定目录》先投产首件，在生产中，对首件的技术文件和产品应进行标识，如在图样上盖"首件"字样，在产品上挂"首件"标签。

4）有关部门按鉴定内容准备好有关文件，准备好后，生产部门向厂部提出首件鉴定申请报告，经有关领导批准后指示工艺部门。

（2）组织落实　工艺部门接到批示后，由其负责人组建首件鉴定小组，并与生产部门沟通。申请部门提前5天向鉴定小组交有关资料。

（3）鉴定的实施　首件鉴定小组实施鉴定工作程序为：检查准备情况──监造──开会──报告──复验。

1）检查准备情况。一是检查首件鉴定范围对不对，防错鉴、漏鉴；二是检查提供的资料齐全不齐全。

2）监造。首件鉴定小组各成员按分工深入首件生产现场，对生产过程进行监督：下道工序是否检验上道工序流传下来的首件，是否经过检验合格才接收，再继续生产；操作工人是否按要求加工首件，工序完成后，是否按要求及时填写首件加工原始记录，记录必须字体工整、清晰、完整，对记录的文字要负责，并签字。

工序检验员对工序完工的首件进行检验，及时填写《首件加工原始记录》。

首件全部加工完毕，成品检验员填写《首件检验报告》，将检验合格的首件提交首件鉴定小组进行鉴定。

现场的技术人员对操作工人提出的问题及时提供指导和处理。

3）召开鉴定会。

4）提出首件鉴定报告。

5）复验。

（4）首件鉴定的监督

1）经过鉴定合格后，鉴定小组开具《首件鉴定合格证》，并签字，将其挂在该首件上加以标识。

2）当鉴定不合格时，对该首件按不合格品处理，并将存在的问题提交有关部门，由其查清原因，提出针对性的纠正措施，重新制造首件并进行首件鉴定，直至合格为止。

【案例】　某企业认真执行首件确认制度，确保产品质量

某企业为确保产品满足客户要求和符合标准，必须对首件产品按规定程序进行鉴定，不经首件鉴定的产品，不准成批生产。对每份合同和每种款号的产品，均由技术质检科根据合同要求、有关标准编制相应的作业指导书和检验标准的具体要求，并发放到相关人员。在批量生产前，每个组先制作一件产品，生产过程中严格要求按照工艺文件的要求进行生产，经过各道工序加工和工序检验后，按出厂要求完成首件产品的生产。由技术质检科负责会同生产科人员按最终检验指导书、检验标准等对首件产品进行鉴定，鉴定结束填写《首件产品鉴定记录》，鉴定记录由技术质检科保存。

经鉴定合格的首件样品，应贴上标签，由各车间保存，作为各工序检验员检验产品的依据。在首件产品鉴定时，发现产品不能满足技术、质量、客户的要求时，则作为不合格品处理,并依据不合格品控制程序执行。鉴定时发现不合格应分析原因,找出解决的办法并实施纠正,当需对工艺文件等技术文件实施更改时,执行《文件控制程序》和《技术文件管理制度》的规定要求。涉及到的记录由技术质检科执行《记录控制程序》的规定要求。

经首件产品鉴定合格后,生产科才能组织批量生产。通过这样的严格管理,该企业得到较好的市场信誉,产品销量也逐年增长,真正达到共赢。

▶▶▶ 第五节 关键件控制

关键件是含有关键特性的件。重要件是含有重要特性,但不含关键特性的件。

关键特性是指如果不满足要求,将危及人身安全、导致产品不能完成主要任务的特性。重要特性是指虽然不是关键特性,但如果不满足要求,将导致产品不能完成主要任务的特性。

关键件和重要件必须进行首件鉴定,不经首件鉴定不准使用。根据"二八原理",在一个设计和开发项目中,关重件不宜定得太多,不然,到处是草木皆兵。但是,也不能疏漏,是关重件的,必须严格控制。

1. 特性分析

特性分析的目的是便于生产部门了解设计意图,有利于在实施质量控制中分清主次,控制重点,有利于安排检验力量对产品实施检查和监督。

特性分析主要包括以下几个方面:

1)技术指标分析。首先对产品提出预定的使命,然后对其规定的要求进行分析。制造业产品的技术指标很多,但最主要的是产品的功能、可靠性、对环境的适应性。应对这三方面进行全面分析。

2)设计分析。提出使命后,但产品能否承担该使命,对有效地完成该使命所需要的质量指标如何,对这些进行分析,称为设计分析。因为产品质量是设计确定的。设计分析包括:所选材料的分析,所选加工工艺、装配的分析,所选几何参数、容差的分析,寿命的分析,安全的分析,实效造成的损失的分析等。

3)选定检验单元。根据技术指标分析和设计分析所要保证的关键特性和(或)重要特性在零件加工、装配中检验的可行性和可操作性及经济性,进行综合分析后选定检验单元。

根据上述分析,设计人员提出《产品特性分析报告》。设计部门再根据设计人员提出的《产品特性分析报告》编制《关键件和重要件明细表》,经技术、质量管理部门会签,由总工程师批准,用文件的形式发布实施。

【案例】"二八原理"充分体现"关键的少数"

二八原理是一项对提高人类效率影响深远的法则。就是要让有限的时间产生出更多的成果。二八原理告诉人们:在投入和产出、努力与收获、原因和结果之间,普遍存在着不平衡关系。少的投入,可以得到多的产出;小的努力,可以获得大的成绩;关键的少数,往往是决定整个组织的产出、盈利和成败的主要因素。一个事物20%的特性决定了事物80%的重要性，应该把80%的时间花在20%的事情上。说得再通俗一些，就是关键的往往是少数，少数决定多数。

因此，企业应对关键件进行严格控制。

2. 关重件外购产品的控制

1) 关重件所用外购产品(原材料、元器件等)必须在《合格器材供应单位名单》中的单位购买。如要更换供应单位，应按规定重新鉴定合格，并经设计部门和质量管理部门同意后，方可订货。

2) 对关重件所要的外购产品，必须明确其订货状态、验收质量标准、入厂检验的方式及检验项目、不合格的处理程序。

3) 外购产品必须按规定进行严格入厂检验，经过检验合格，应妥善保管，存放地点及环境应符合规定要求。外购产品应做特殊标识，便于识别。

4) 外购产品的入厂检验，验证记录和试验报告均应归档。

3. 关重件生产过程的控制

1) 生产定型前，要按特性要求严格审查关重件和关键序号参数，确保其正确、完整，并与设计图样和技术文件协调一致。

2) 生产定型后，关重件的任何更改应附有专门的技术论证报告，办理审批手续，并经质量管理部门会签。

3) 关键工序应编有具体的作业指导书。

4) 关重件在周转过程中要防止磕碰划伤和变形。

4. 标识管理

1) 对关键特性、重要特性、关键件、重要件、关键工序以及关键件、重要件的工艺文件，均要加以特性标识，便于识别。例如，标记字样，对无法标记的，应采取有效的追溯方法。

2) 每个关键件除正常标记外，必须有专门的序号，序号不得遗漏，不得重复。

5. 质量记录管理

从关键件所用外购产品入厂检验开始，入厂检验员、操作工人和过程检验员所作的质量记录，应认真填写并签章。记录单缺页、记录单不符合要求的，下道工序有权拒收。

关键件、重要件的质量记录要归档，保存年限自定。

【案例】 硬功夫打造"飞天"硬服
——六二五所参与研制"神七"舱外航天服

2008年9月27日16时30分，中国航天员第一次将自己的英姿深深印在浩渺的太空。当航天员翟志刚漫步太空的英姿深深印入全世界的记忆中时，人们也记住了他身上穿着的那套洁白的"飞天号"航天服。被人们称为"硬服"的舱外航天服，看起来与舱内航天服相差无几，而实际上却是天壤之别。航天员系统总指挥、总设计师曾经对媒体说："舱外航天服其实就是一个小型飞船，是出舱航天员最重要的安全保障，供氧、供气、空气流通、话音支持……具有飞船能实现的大多数功能。"航空工业多家厂所参与了"神七"组件的研制，而这一套"硬服"硬壳体结构中的三个"关重件"中有两个"关重件"就是由北京航空制造工程研究所(六二五所)研制的。

舱外航天服硬壳体结构是宇航员出舱的关键部件，背包、挂包是舱外航天服硬壳体中的三个"关重件"中的两个。它必须满足结构稳定可靠，结构失效的可能性降为0；有足够的气密性，满足太空行走环境的密封要求；具有较高的刚度和强度，既能够满足宇航员出舱对于结构的承力要求，又不会增加飞船的负载质量；同时，要保证有配合关系的其他部件的位置和尺寸精度等要求。工艺要求严格、技术含量高。六二五所综合集成了在航空钣金成形技术、航空焊接技术、数控加工技术、复合材料制造技术等方面的优势，将大量先进的航空制造技术运用到研发制造中，突破了风机凹窝局部成形技术、复杂型面成型技术、薄壁结构铝合金零件的焊接应力和变形控制技术、铝合金结构件的加工变形控制技术、复杂空间紧凑结构的铆接装配技术、复合材料成形技术等关键技术，填补了多项国内空白。

▶▶▶ 第六节　外购产品及其采购过程控制

凡形成产品所直接使用的，非组织自制的外购原材料、元器件以及外单位协作的毛坯、零部件等产品，统称为外购产品。

外购产品的质量对产品的质量构成直接影响，所以，在设计和开发产品中，均要对外购产品的质量进行严格控制，以保证设计和开发及生产过程的正常进行，确保最终产品质量。

1. 确定合格供方名录

在市场经济环境下，产品可以自由贸易。除短期行为外，正规的组织为了长期地生产出质量稳定的产品，应从市场中选择合格的供方，建立合作伙伴关系，实现共赢。

(1) 确定合格供方的原则　总的原则是从市场上众多的供方中进行比较，从中比较选择相对合适的供应厂家。具体选择时，从以下几个方面去比较：

1) 产品满足需要，外购产品能满足最终产品的有关标准和技术文件的要求。
2) 货源稳定、价格合理、供货及时、服务良好。
3) 具有相应的质量保证能力。

供方要具有"相应"的质量保证能力，既不要选择质量保证能力"不足"的供方，也不要选择质量保证能力"过剩"的企业。

例如，乡镇企业小钢材厂生产出的钢材，尽管它的价格低廉、供货及时、服务态度好，但产品质量不一定好；生产煮饭用的锅的铸铁只要用一般钢铁厂生产的铸铁即可，而不要选用制造坦克用的钢铁厂生产的铸坦克用的铸铁。

(2) 确定合格供方名录的程序　收集资料──→组建评定组──→制订考察计划──→考察──→试用──→录取──→复查。

(3) 不必考察的供方　考察供方需要投入人力，因此，就要增加成本，下列一些情况，可不必对供方进行考察，直接录用。

1) 凡质量管理体系通过第三方认证的供方，不必对其质量保证体系进行考察。

2）凡经过国内、国际认证合格的产品，不必考察。
3）被同行业其他大户列入《合格供方名录》中的供方，可不考察。

2. 采购过程控制

采购是获得外购产品的重要手段。实践证明，尽管从《合格供方名录》中采购外购产品，由于采购过程控制不严而有可能得不到合格的外购产品。"采购供应"过程是制造业产品的实现过程中很重要的一个过程。

凡通过按 ISO 9001:2000 标准建立的质量管理体系认证的组织，都编有《采购过程质量控制》和《采购过程质量控制程序》两个文件，纳入质量手册加以管理。对于不进行质量管理体系认证的组织，也有一套办法来控制采购过程的质量，保证自己获得所需的外购产品。

【案例】 控制产品质量从源头抓起

破旧的院落、低矮的厂房、肮脏的车间、陈旧的设备、邋遢的员工……

亮丽的门面、精美的包装、响亮的品牌、很炫的广告、统一的着装……

这是乡村的小作坊和城市大品牌的强烈对比。而事实是，2005年4月份的"苏丹红事件"暴露后，随着媒体的层层剥笋，最后人们发现，原来前者是后者的供货商。

在"苏丹红事件"发生了5个月之后，后者把前者告上了法庭，亨氏美味源（广州）食品有限公司向其源头企业——销售商广州辉和科技有限公司和生产企业广州田洋食品有限公司索赔1460多万元的经济损失，理由是由于这两被告的行为致使自己生产的产品中含有"苏丹红一号"成分，最终导致生产和销售受到严重影响。

在当今企业分工越来越细的情况下，供货商的原料质量可谓是采购链中多米诺骨牌的第一张，其中任何一个供货商一次小小的疏忽或失误，都有可能形成多米诺骨牌效应，因此对企业来说，也许没有什么比这第一张牌更紧要的了。

第七节　产品包装过程质量控制

1. 产品包装

产品包装是生产过程的最后一道工序。产品包装是指包装产品的器具和包装物，其作用是保护产品的制造质量，便于装卸、运输和储存，它的质量是产品质量的组成部分。

（1）产品包装的种类　产品的包装有以下几种：

1）产品容器的包装。这种包装是包装与产品为一个整体，一般要在产品全部消费完毕后包装才失去作用。这种包装质量不好，会直接影响产品质量，使产品质量降低或致废。

2）保护产品的包装。这种包装是确保产品完美无缺地运送到顾客手中，当产品到了顾客手中开始使用时，包装的作用才消失。制造业的产品包装，大多属于这种包装。

3）美化产品的包装。这种包装不仅作为产品的容器或外包装，而且还是一种工艺美术品，以其新颖别致的造型，千姿百态的装潢吸引顾客，给人以美的享受，从而大大提高商品的身价。

目前，我国包装存在的问题是有的包装质量不足，有的包装质量过剩。包装质量不足，保证不了产品本身的质量，而且保证不了产品在装卸、运输和贮存过程中的质量。我国由于产品包装不良造成的损失相当惊人。制造业中流传这样的说法：一流的产品，二流的包装，三流的价格。包装质量过剩没有必要，而且给顾客带来负担。

(2) 产品包装过程的控制

1) 在设计和开发产品时，应根据产品的物理性能和化学性能、特征、外形、构造、质量、体积、运输、装卸、储存等因素和使用环境要求，正确而合理地设计产品的内外包装，保证可靠、安全地保护产品，不使之变形、变质、损坏，设计应符合国家标准、行业标准规定产品包装的质量要求。

2) 产品包装的设计、生产定型要和产品的设计、生产定型同时进行。

3) 产品的包装材料、容器必须符合图样和技术要求，并按标准严格检验，不合格的包装不允许使用。

4) 当装卸、运输和储存环境有特殊要求时，应采用专用包装箱，以有效地保护产品。

5) 对剧毒、放射性、腐蚀性、易燃、易爆产品的包装，必须采取有效措施，确保安全。

6) 在包装前，产品必须有合格标识，包装操作人员和检验员必须对被包装的产品进行一次全面检查，并按包装技术条件要求，按装箱单一一核对，保证产品、备件、附件和技术文件齐全，箱内无多余物。

7) 必须严格按包装工艺规程的规定进行包装，以保证产品的包装质量。

8) 产品包装的作业环境条件要符合规定要求，按技术文件规定做好包装的标识。

9) 产品包装完毕后，应进行检查、验收，合格后方准出厂或入库。

10) 对产品的包装及其管理，要进行质量成本核算，包装过程中形成的文件要归档。

2. 产品包装的意义

1) 保护商品，便于储运。产品包装最基本的功能便是保护商品，便于储运。有效的产品包装可以起到防潮、防热、防冷、防挥发、防污染、保鲜、防易碎、防变形等系列保护产品的作用。因此，在产品包装时，要注意对产品包装材料的选择以及包装的技术控制。

2) 包装能吸引注意力，说明产品的特色，给消费者以信心，形成一个有利的总体印象。

日益增长的富裕消费者是指消费者愿意为良好包装带来的方便、外观、可靠性和声望多付些钱。公司和品牌形象公司已意识到设计良好包装的巨大作用，它有助于消费者迅速辨认出哪家公司或哪一品牌。每一位胶卷购买者可以立刻识别出为人熟知的黄颜色包装的"柯达"胶卷。

3) 包装还能提供创新的机会。包装化的创新能够给消费者带来巨大的好处，也给生产者带来了利润。1899年，尤尼达饼干公司创新成一种具有保鲜装置的包装(纸板，内部纸包扎,外部纸包扎)，使饼干的货架寿命长于饼干盒、饼干箱和饼干桶。克拉夫特食品公司开发了听装混合乳酪，从而延长了乳酪的货架寿命，并使公司赢得了"可靠"的声誉。目前，该公司正在试验杀菌小袋，它是用金属混和塑料制成的容器，是罐头的替代物。一些公司首先把软饮料放在拉盖式的罐头内，或把液态喷雾剂放入按钮式罐头内以此吸引许多新顾客。现在，制酒商正在试验拉盖式罐头和纸盒袋装等包装形式。

为新产品制定有效的包装,这需要作出大量的决策。第一,建立包装化概念。包装化概念的定义是,规定包装基本上应为何物,或为一个特定产品起什么作用。包装的主要作用应为优质产品提供保护,引进一个新颖的使用方式,提示产品或公司的某种质量,或者是其他某些作用。

此外,还必须为包装设计的其他要素作出决策,如包装物的大小,形状,材料,色彩,文字说明,以及品牌标记。决策的内容还必须包括是用大量的文字说明还是少量的文字说明,采用玻璃纸或其他透明的薄膜,塑料的或薄片状的盘子等。包装化的各个要素必须相互协调。包装大小涉及包装材料和色彩等。包装化的要素也必须和订价、广告和其他市场营销要素相互协调。

包装一经设计好后,必须进行一些试验。进行工程技术测试的目的是为了保证包装在正常情况下经得起磨损;进行消费者测试的目的是为了保证赢得有利的消费者反应。

并且,即使预先采取了这些试验措施,但是包装设计有时还会存在某种根本性的缺陷。例如,一个食品公司开发出一种加压的烤肉汁罐头,定名为"喷喷喷雾罐头",在市场试验中发现包装有潜在的祸患:"我们原以为我们有了一个好罐头,但是,我们幸好最初只在德克萨斯州和加里福尼亚州的商店里进行试销。这些罐头一旦加温,它们就开始爆炸。因为我们没有在全国各地销售,所以我们的损失仅为 15 万美元,而不是几百万美元。"

为某新产品设计效果良好的包装可能要花费数十万美元,并需要数月以至于一年的时间。我们不能因为看到包装化在吸引和满足消费者方面能起到一些作用,而过分强调包装化的重要性。但公司应该注意到,社会对包装化已日益关注,公司应作出相应的决策,来为社会利益服务,并为眼前的顾客和公司的目标服务。

【案例】 狗食品也采用了新颖包装

通用食品公司开发了一种新颖的狗食品,其形状像小肉馅饼。管理当局决定要最大限度地使人们看到这些馅饼所具有的独特的外表。可见性是作为包装化的基本构思加以规定的,管理当局就是据此考虑了若干包装物方案。该公司最后选定在盘子上覆盖一层透明薄膜的包装方式。

3. 产品包装的基本原则

1)适用原则。包装的主要目的是保护商品。因此,首先要根据产品的不同性质和特点,合理地选用包装材料和包装技术,确保产品不损坏、不变质、不变形等,尽量使用符合环保标准的包装材料;其次要合理设计包装,便于运输等。

2)美观原则。销售包装具有美化商品的作用,因此在设计上要求外形新颖、大方、美观,具有较强的艺术性。

3)经济原则。在符合营销策略的前提下,应尽量降低包装成本。

4. 包装策略决策的影响因素

1)类似包装策略。企业对其生产的产品采用相同的图案、近似的色彩、相同的包装材料和相同的造型进行包装,便于顾客识别出本企业产品。对于忠实于本企业的顾客,类似包装无疑具有促销的作用,企业还可因此而节省包装的设计、制作费用。但类似包装策略只能适宜于质量相同的产品,对于品种差异大、质量水平悬殊的产品则不宜采用。

2)配套包装策略。按各国消费者的消费习惯,将数种有关联的产品配套包装在一起成套供应,便于消费者购买、使用和携带,同时还可扩大产品的销售。在配套产品中如加进某种新产品,可使消费者不知不觉地习惯使用新产品,有利于新产品的上市和普及。

3)再使用包装。这是指包装内的产品使用完后,包装物还有其他的用途。如各种形状的香水瓶可作装饰物,精美的食品盒也可被再利用等。这种包装策略可使消费者感到一物多用而引起其购买欲望,而且包装物的重复使用也起到了对产品的广告宣传作用。谨慎使用该策略,避免因成本加大引起商品价格过高而影响产品的销售。

4)附赠包装策略。附赠奖券或实物,或包装本身可以换取礼品,吸引顾客的惠顾效应,导致重复购买。我国出口的"芭蕾珍珠膏",每个包装盒附赠珍珠别针一枚,顾客购至50盒就可以串条美丽的珍珠项链,这使珍珠膏在国际市场十分畅销。

5)改变包装策略。即改变和放弃原有的产品包装,改用新的包装。由于包装技术、包装材料的不断更新,消费者的偏好不断变化,采用新的包装以弥补原包装的不足,企业在改变包装的同时必须配合好宣传工作,以消除消费者以为产品质量下降或其他的误解。

【案例】 企业根据机械产品特性选择包装

包装的目的是保护产品,使其在储运过程中不受损坏。包装有时还起装潢产品的作用,以促进销售。

机械产品在包装前必须检验合格并保证完整成套,包装的主要功能是防锈、防潮、耐压、耐冲击,适于储运和销售等。

一般用防锈油脂涂覆产品,精密产品零部件的包装选用可剥性塑料封存或充氮封存。有的产品可用纸箱内加腐蚀抑制剂和箱壁内衬药剂包装。药剂在常温下气化,使金属零件表面生成防锈膜。在湿度高的环境中,包装材料的强度和其他性能容易恶化而降低防锈效果,这时产品包装要求做到部分或全部防潮,合理采用干燥剂,如硅胶、铝胶、分子筛和塑料等其他防潮材料。

经包装后的产品应能承受一定的压力和冲击,需要正确设计衬垫,可选用橡胶、弹簧、橡胶-弹簧组合、泡沫塑料等。对产品的精加工面如机床导轨等,可采取特殊保护措施。采用就地发泡的塑料(用少量化学药剂注入包装箱内,几秒钟内便膨胀成泡状塑料),具有良好的耐冲击和防挤伤作用。外包装一般采用预先制备的箱、盒、罐、桶等容器,或栅框、装格箱等,具有较好的耐压、耐冲击作用,常采用含水量低的木材、型钢、刨花板、硬质纤维板、加强型瓦楞纸等,并要求尽可能在保证包装质量的前提下予以回收,重复使用,以降低包装成本。

一般单个产品或成组产品的包装外形尺寸应符合运输单元化要求,如集装箱、托盘、货格等规定的尺寸。包装箱应具有良好的装卸条件,符合装卸操作要求,并在正常环境中堆放,应有利于提高车辆和仓库的利用率,改善和提高运输作业的效率。集装箱运输有利于联运,是国际贸易中普遍采用的形式。重型机械产品包装时应注意运输中允许的最大长度、宽度、高度和重量，对产品的重心位置、起动和刹车时惯性冲击及其固定方法和配套车辆等特殊要求作出规定。为适应储运要求，对产品包装一般应进行有关试验，如防水性、密封性、热封性试验；水平撞击、垂直跌落、滚动振动试验；温度、湿度、大气腐蚀试验等，以确保产品包装的质量。

当然，包装外表还应印有标志，内附安装使用说明。小型产品或零部件包装应适合其个性，特征明显，装潢有吸引力，有利于装卸、分拣、保管、运送和商店的陈列、销售。

5. 包装技术的发展趋势

1）制订和推行多种有关机械包装的标准，如外形尺寸、包装材料质量、包装箱强度、检验方法等。

2）改进包装材料，如推广应用高强度的瓦楞纸箱；发展适用于软包装的复合材料和高性能的新型塑料薄膜。

3）加强机械产品的包装设计工作，根据产品的不同特性，如质量、刚性、精密度、耐振动、防潮湿等进行试验研究，确定包装材料、形式和方法。

4）采用新技术，如对小工具和精密零部件采用真空吸塑包装，在包装热封中利用热管提高封装质量和减少热量损耗；利用激光和光纤技术，识别包装产品和检测包装质量；利用电子计算机进行程序控制，提高包装作业的机械化自动化程度。

课 后 拓 展

1. 从产品设计开发开始，到出产销售及售后服务为止，制造业产品的制造过程大致如此，那么在第一阶段，如何很好地进行设计评审呢？

2. 结合自己所学知识发表你的观点：举例说明关键件控制的重要性。

参考文献

[1] 李钧. 质量管理学[M]. 上海：华东师范大学出版社，2006.
[2] 唐家驹，刘书庆，程幼明. 质量管理学[M]. 北京：中国计量出版社，2004.
[3] 郎志正. 质量管理及其技术和方法[M]. 北京：中国标准出版社，2003.
[4] 邹华芝，信海红. 质量管理体系与认证[M]. 北京：中国计量出版社，2006.
[5] 李亨. 追求卓越之路[M]. 北京：中国标准出版社，2006.
[6] 梁国明，李广田. 制造业过程质量控制与检验基础读本[M]. 北京：中国标准出版社，2006.
[7] 齐二石，朱秀文，何桢. 生产与运作管理教程[M]. 北京：清华大学出版社，2006.
[8] 刘丽文. 生产与运作管理[M]. 北京：清华大学出版社，2006.
[9] 黄卫伟. 质量管理学[M]. 北京：中国人民大学出版社，2006.
[10] 肖诗唐，王琉芳，郝凤. 质量检验试验与统计技术[M]. 北京：中国计量出版社，2001.
[11] 王琉芳，肖诗唐. 质量检验教程[M]. 北京：中国计量出版社，2003.
[12] 尤晨. 质量分析与控制技术常识[M]. 北京：电子工业出版社，2008.
[13] 于万成，王桂莲. 质量分析与控制技术常识[M]. 北京：高等教育出版社，2006.